일 러 두 기

　한자(漢字)는 중국 고대 황제(黃帝)의 사관(史官)이었던 창힐(蒼頡)이라는 사람이 새의 발자국 모양을 본떠서 처음 문자로 만들었다고 한다. 그러나 그것은 전설에 불과한 것이지, 어느 한두 사람의 힘에 의해서 그 방대한 사업이 이루어졌다고 볼 수가 없다. 한자는 오랜 세월을 거쳐 중국 민족의 손에 의해 발달을 거듭하여 오늘날에 사용하고 있는 글자 모양으로 이룩되었다.

　우리 민족은 오랜 세월 동안 이 한자를 빌려 우리의 사상과 감정을 표현해 왔다. 그뿐만 아니라, 우리 고유의 문자인 훈민정음이 창제된 이후에도 계속 사용되어, 이를 바탕으로 훌륭한 문학 작품까지도 만들어내었던 것이다.

　이리하여 우리말에는 한자어가 많은 양을 차지하게 되었고, 우리 문화 유산의 대부분이 한자로 기록될 수밖에 없었다. 따라서 오늘날의 우리는 이 문화 유산을 바르게 이해하고 계승, 발전시키는 한편, 일상 언어 생활을 보다 폭넓고 슬기롭게 해나가기 위해서는 먼저 한자와 한자어를 올바르게 익혀야 할 것이다.

　이 책은 문화의 모색자요, 기록자인 한자의 중요성을 널리 인식하고 한자의 올바른 글씨체 습득과 더불어 우리의 생활에 실용적으로 응용하기 위해 다음과 같이 특색있게 꾸며보았다.

1. 교육부 지정 기초한자 1,800자를 4자숙어와 고사성어로 엮어 가나다순으로 배열하고 각각의 음과 훈, 부수와 획수, 필순을 밝혀 주었고, 그 뜻을 풀이해 주었다.
2. 두 페이지마다 고사성어의 유래를 밝혀 놓았다. 이 고사성어를 재미있고 유효적절하게 응용해 보면, 늘 화제가 풍부하며 유머러스한 생활을 즐기게 될 것이다.
3. 매 페이지마다 하단에 중국의 4서인 『논어』 『맹자』 『대학』 『중용』과 『명심보감』 등에서 좋은 문장을 골라, 해설해 놓음으로써 한자 문장의 이해를 돕게 해주었다. 그리고 더욱더 풍부한 한자의 응용을 위해 반대·상대의 뜻을 가진 한자, 둘 이상의 음을 내는 한자, 모양이 비슷한 한자, 잘못 읽기 쉬운 한자 등을 예시하여 보았다.
4. 권말에 '이력서' '자기소개서' 등 각종 서식을 실어, 실생활에서 효과적으로 활용할 수 있도록 하였다.

　한자의 특색은 문자가 곧 말이라는 점에 있다. 한자는 곧 말이므로 한 자 한 자가 그대로 문화를 나타내고 있는 것이며, 한자는 문화의 진전에 따라 발달 증가하여 그 총수가 수만에 이르렀고 한 문자의 훈도 수십 개에 이르는 것조차 생기게 되었다. 그러므로 점점 발달하는 현대 문화에 맞춰 한자를 더욱 익혀야 함은 현대인으로서는 필수적인 요소이다.

　다양하게 실용적으로 꾸며진 이 쓰기 교본을 열심히 써나가며 익히다 보면, 어느덧 늘어가는 한자 실력과 함께 풍부한 어휘력을 자랑하게 될 것이다.

한자의 일반적인 필순

○ 왼쪽에서 오른쪽으로 쓴다.
川 → ノ 丿 川
休 → ノ イ 亻 什 休 休
外 → ノ ク タ 外 外

○ 위에서 아래로 쓴다.
三 → 一 二 三
工 → 一 丁 工
客 → 宀 宀 宀 宏 宏 客 客

○ 가로획과 세로획이 겹칠 때에는 가로획을 먼저 쓴다.
木 → 一 十 才 木
共 → 一 十 廾 廾 共 共
吉 → 一 十 士 吉 吉 吉

○ 삐침과 파임이 만날 때에는 삐침을 먼저 쓴다.
人 → ノ 人
文 → 丶 亠 ナ 文
交 → 丶 亠 ナ 六 六 交

○ 좌우가 대칭될 때에는 가운데를 먼저 쓴다.
小 → 亅 小 小
水 → 亅 才 水 水
光 → 丨 丨 丷 业 光 光

○ 둘러싼 모양으로 된 자는 바깥쪽을 먼저 쓴다.
同 → 丨 冂 冂 同 同 同
問 → 丨 冂 冂 門 門 門 問
固 → 丨 冂 冂 円 円 固 固

○ 글자 전체를 꿰뚫는 획은 나중에 쓴다.
中 → 丨 口 口 中
事 → 一 二 亖 亖 亖 事 事
母 → 乚 口 口 毋 母

○ 오른쪽 위에 점 있는 글자는 그 점을 나중에 찍는다.
犬 → 一 ナ 大 犬
伐 → イ 亻 代 伐 伐
成 → ノ 厂 厂 成 成 成

○ 책받침(遠・建)은 나중에 쓴다.
遠 → 土 吉 吉 吉 袁 袁 遠
建 → 🅿 ヨ ヨ 聿 聿 建 建
庭 → 广 广 庐 庐 庐 庭 庭

○ 받침 중에서도 '走・是' 등을 먼저 쓴다.
起 → 土 ‡ ‡ 𧺆 走 起 起
題 → 日 旦 是 是 題 題 題

※ 위의 예로 든 필순은 기본 필순을 따랐으나, 달리 쓰이는 경우도 있을 수 있다.

▶ 필순이 틀리기 쉬운 한자

左 → 一 ナ 左 左 左
右 → ノ ナ 才 右 右
在 → 一 ナ 才 存 存 在
有 → ノ ナ 才 有 有 有
布 → ノ ナ 才 右 布
山 → 丨 山 山
牛 → ノ 二 二 牛
兩 → 一 丂 丙 丙 兩 兩
承 → ㄱ 了 了 手 手 承 承
九 → ノ 九
世 → 一 十 ㅛ 世 世
必 → 丶 丿 必 必 必
臣 → 丨 ㄷ ㄷ ㄹ ㅌ 臣 臣

한자의 기본 점과 획

、	꼭지점			字		、	치킴			東
丶	왼점			小		丶	파임			八
丶	오른점			六		丶	받침			進
丶	치킴점			心		ノ	지게다리			式
ー	가로긋기			千		ノ	굽은갈고리			午
丨	내리긋기			川		)	새가슴			兄
丨	왼갈고리			水		し	누운지게다리			心
丨	오른갈고리			民		乙	새을			乙
丨	평갈고리			走		乙	봉날개			風
ㄱ	오른꺾음			比		ㄱ	좌우꺾음			ㄱ
ㄴ	왼꺾음			亠						
ㄱ	꺾음갈고리			ノ			【영자 팔법】			
ㄱ	꺾어삐침			ㄟ						
ノ	삐침			乀						

【영자 팔법】

②가로획 — ①점
⑤치킴 — ⑦짧은삐침
⑥삐침 — ⑧파임
④갈고리 — ③세로획

永

○영자 팔법(永字八法) : '永'자 한 자를 쓰는 데, 모든 한자에 공통하는 여덟 가지 운필법(運筆法)이 들어 있음을 말한다.

架	空	索	道	架	橋	工	事	街	談	巷	說
시렁 가	하늘 공	동아줄삭(색)	길 도	시렁 가	다리 교	장인 공	일 사	거리 가	말 담	거리 항	말 설
木—5획	穴—3획	糸—4획	辶—9획	木—5획	木—12획	工—0획	亅—7획	行—6획	言—8획	己—6획	言—7획

價	値	尺	度	刻	骨	難	忘	各	自	圖	生
값 가	값 치	자 척	정도 도	새길 각	뼈 골	어려울난	잊을 망	각각 각	스스로자	꾀할 도	살 생
人—13획	人—8획	尸—1획	广—6획	刀—6획	骨—0획	隹—11획	心—3획	口—3획	自—0획	囗—11획	生—0획

▶ 子曰「我非生而知之者라 好古敏以求之者也로다」
공자께서 말씀하시기를「나는 나면서부터 아는 사람은 아니다. 옛것을 좋아하여 부지런히 알아내기를 힘쓰는 사람이로다」『論語』

해 석

- 架空索道 : 하늘을 건너지른 동아줄의 길.(케이블카 따위)
- 架橋工事 : 교량을 가설하는 공사.
- 街談巷說 : 거리의 말, 즉 항간에 근거없이 떠돌고 있는 말.
- 價値尺度 : 상품의 가치를 측정하는 척도.(화폐가 대표적인 것임)
- 刻骨難忘 : 남에게 입은 은혜가 뼈 속 깊이 새겨져 잊히지지 아니함.
- 各自圖生 : 제각기 살길을 도모함.
- 肝膽相照 : 간과 쓸개를 서로 보인다는 말로, 서로 진심을 터놓고 사귄다는 뜻.
- 幹線道路 : 도로망의 기간(基幹)이 되는 도로.
- 肝臟疾患 : 간장에 생긴 온갖 병.

肝	膽	相	照	幹	線	道	路
간 간	쓸개 담	서로 상	비칠 조	줄기 간	줄 선	길 도	길 로
月—3획	肉—13획	目—4획	火—9획	干—10획	糸—9획	辶—9획	足—6획

肝	臟	疾	患	刻	舟	求	劍
간 간	오장 장	병 질	병 환	새길 각	배 주	구할 구	칼 검
月—3획	月—18획	疒—5획	心—7획	刂—6획	舟—0획	水—2획	刂—13획

고사유래

刻舟求劍 : 사람이 미련해서 융통성이 없음을 비유한 말이다. 『여씨춘추(呂氏春秋)』에 나오는 이야기로, 초나라 사람이 나룻배로 강을 건너다가 그만 들고 있던 칼을 물 속에 빠뜨렸다. 그러나 그는 조금도 당황하지 않고 곧 뱃전에다 표를 해놓고 「칼이 물에 떨어진 곳」이라고 써 놓았다. 배가 강가에 닿는 것을 기다려 표시를 해 놓은 뱃전 밑 물 속으로 뛰어 들어 검을 찾았으나 끝내 찾지 못했다. 배는 계속 이동을 하였고 칼은 물 밑으로 떨어져 한 곳에 고정되어 있다는 사실을 계산에 넣지 않았던 것이다. 이처럼 뱃전에 표시한 것을 따라 강물에 빠진 칼을 찾는다는 뜻으로, 너무도 완고하여 임시변통술이 없거나 융통성이 전혀 없음을 가리키는 말이다.

▷ 반대·상대의 뜻을 가진 한자

建(세울 건)↔壞(무너뜨릴 괴)   傑(뛰어날 걸)↔拙(못날 졸)   儉(검소할 검)↔奢(사치할 사)
結(맺을 결)↔離(떨어질 리)   謙(겸손할 겸)↔慢(거만할 만)   京(서울 경)↔鄕(시골 향)

懇	請	惠	澤	減	價	償	却	感	慨	無	量
간절할간	청할 청	은혜 혜	은혜 택	덜 감	값 가	갚을 상	물리칠각	느낄 감	슬퍼할개	없을 무	헤아릴량
心―13획	言―8획	心―8획	水―13획	水―9획	人―13획	人―15획	卩―5획	心―9획	心―11획	火―8획	里―5획

監	督	官	廳	甘	呑	苦	吐	甲	男	乙	女
볼 감	감독할독	기관 관	관청 청	달 감	삼킬 탄	쓸 고	토할 토	천간 갑	사내 남	천간 을	여자 녀
皿―9획	目―8획	宀―5획	广―22획	甘―0획	口―4획	艸―5획	口―3획	田―0획	田―2획	乙―0획	女―0획

▶子曰「古之學者는 爲己러니 今之學者는 爲人이로다」
공자께서 말씀하시기를 「옛날의 배우는 사람들은 자기를 위하여 배웠는데, 오늘날의 배우는 사람들은 남을 위하여 배우는도다」 『論語』

講壇文學 江湖之樂

講	壇	文	學	江	湖	之	樂
강론할강	단 단	글월문	학문학	강 강	호수호	어조사지	즐길 락
言—10획	土—13획	文—0획	子—13획	水—3획	水—9획	丿—3획	木—11획
言計計詳講講講	亠圹坷坷坷壇	亠亠方文	ᅡᅢᅣ맨댈뱀뱀學	氵氵汀江	氵氵汁汁湖湖湖	亠亠亠之	丨纟纟幻樂樂樂
講	壇	文	學	江	湖	之	樂

해 석

懇請惠澤: 은혜와 덕택을 간절히 청함.
減價償却: 일정한 시설의 가치를 그것이 마멸되는 정도만큼 보상하는 일.
感慨無量: 사물에 대한 회포의 느낌이 한이 없음.
監督官廳: 하급 관청에 대해서 감독권을 가지는 상급 관청.
甘呑苦吐: 사리의 옳고 그름을 돌보지 않고, 자기 비위에 맞으면 좋아하고, 맞지 아니하면 싫어한다는 말.
甲男乙女: 갑이란 남자와 을이란 여자. 즉, 평범한 사람들을 가리킴.
講壇文學: 예술적이기보다는 이론적 또는 학구적인 문학.
江湖之樂: 자연을 벗삼아 누리는 즐거움.
皆旣月蝕: 달과 해 사이에 지구가 아주 가리어, 달이 해의 빛을 완전히 받지 못하여 나타나는 현상.

皆旣月蝕 改過遷善

皆	旣	月	蝕	改	過	遷	善
모두개	이미기	달 월	먹을식	고칠개	허물과	옮길천	착할 선
白—4획	旡—7획	月—0획	虫—9획	攵—3획	辶—9획	辶—11획	口—9획
上 比 比 毕 皆 皆	钅 钅 钅 钅 旣 旣	丿月月月	刍 刍 刍 刍 刍 食 蝕 蝕	一 コ 己 己 改 改	冂 冃 咼 咼 周 周 過	一 兩 兩 覀 覀 栗 栗 遷	亠 半 羊 羊 差 善 善
皆	旣	月	蝕	改	過	遷	善

고사유래

改過遷善: 지난 허물을 고치고 착하게 된다는 뜻이다. 진나라 혜제 때 양흠 지방에 주처라는 양반자제가 있었는데, 그는 어남은 살 때 아버지가 돌아가시자 할 일 없이 방랑 생활을 하며 나쁜 짓이라고는 안하는 짓이 없었다. 그러나 차차 자라면서 철이 들어 지난 허물을 과감히 고치어 새로운 사람이 되겠다고 굳은 결심을 하고 마을 사람들을 괴롭히는 호랑이와 교룡을 죽인 후 고향을 떠나 대학자 육기와 육운 두 형제 밑에서 뜻을 세워 글을 배웠다. 10여년 동안 품덕과 학문을 닦고 익혀 드디어 유명한 대학자가 되었다.

▷ 반대·상대의 뜻을 가진 한자
慶(경사 경)↔吊(조상할 조)   高(높을 고)↔低(낮을 저)   曲(굽을 곡)↔直(곧을 직)
貴(귀할 귀)↔賤(천할 천)   勤(부지런할근)↔怠(게으를 태)   禽(날짐승 금)↔獸(길짐승 수)

概	念	認	識	個	性	尊	重	巨	家	大	族
대개 개	생각 념	인정할인	알 식	낱 개	성품 성	높을 존	중할 중	클 거	집 가	클 대	겨레 족
木—11획	心—4획	言—7획	言—12획	人—8획	心—5획	寸—9획	里—2획	工—2획	宀—7획	大—0획	方—7획

子曰「吾嘗終日不食하며 終夜不寢하여 以思하니 無益이라 不如學也로다」

공자께서 말씀하시기를 「내 일찍이 종일을 먹지 않고 밤새 자지 않고 생각에 잠겨 보았더니 조금도 유익함이 없는지라, 배우느니만 못하였도다」 『論語』

距	離	短	縮	去	者	日	疎	乾	坤	一	擲
떨어질거	떨어질리	짧을 단	줄 축	갈 거	사람 자	날 일	성길 소	하늘 건	땅 곤	한 일	던질 척
足—5획	隹—11획	矢—7획	糸—11획	厶—3획	耂—5획	日—0획	疋—7획	乙—10획	土—5획	一—0획	手—15획

해석

概念認識 : 개념에 의해서 얻은 인식.
個性尊重 : 개개인의 특유한 개성을 중하게 여김.
巨家大族 : 지체가 좋고 번창한 집안.
距離短縮 : 두 곳 사이의 떨어져 있는 길이를 짧게 줄임.
去者日疎 : 서로 멀리 떨어져 있으면 점점 사이가 멀어짐을 이르는 고사.
乾坤一擲 : 운명과 흥망을 걸고 단판걸이로 승부나 성패를 겨룬다는 말.
格物致知 : 사물의 이치를 연구하여 후천적인 지식을 명확히 함.
激濁揚淸 : 흐린 것은 분발하게 하고 맑은 것은 드러냄.
絹絲光澤 : 비단실에서 볼 수 있는 것과 같은 광택.

한자 연습

格	物	致	知	激	濁	揚	淸
궁구할격	일 물	이를치	알 지	분발할격	흐릴 탁	드날릴양	맑을 청
木—6획	牛—4획	至—3획	矢—3획	水—13획	水—13획	手—9획	水—8획

絹	絲	光	澤	結	草	報	恩
비단 견	실 사	빛 광	윤날택	맺을 결	풀 초	갚을 보	은혜 은
糸—7획	糸—6획	儿—4획	水—13획	糸—6획	艸—6획	土—9획	心—6획

고사유래

結草報恩 : 죽어서까지라도 은혜를 잊지 않고 갚는다는 뜻이다. 좌전에 실린 바에 의하면 진나라 때 위무자라는 사람이 죽자 그 아들 위과가 아버지의 명령과는 반대로 서모를 살려 주어 다른 곳으로 시집을 가게 하였다. 그 뒤 전쟁이 벌어져 위과가 출전했을 때 이상하게도 싸움터에 한 노인이 풀을 잡아 매어 매듭을 만들어 놓는 것이었다. 적군들이 매듭에 걸려 쓰러지는 틈을 타 위과의 군대는 총공격을 하여 순조롭게 싸움을 승리로 이끌고 적장 도처를 사로잡았다. 그날 밤 위과는 꿈속에서 그 노인을 만났는데 그 노인은 재혼한 서모의 아버지라 하면서 자기 딸을 죽여 합장시키지 않고 살려 시집 보낸 은혜에 보답하기 위해 위과를 싸움에서 승리하도록 했다는 것이다.

▷ 반대·상대의 뜻을 가진 한자

起(일어날 기)↔臥(누울 와)   緊(긴요할 긴)↔疎(성길 소)   諾(승낙할 낙)↔拒(물리칠 거)
難(어려울 난)↔易(쉬울 이)   濃(짙을 농)↔淡(묽을 담)   斷(끊을 단)↔續(이을 속)

犬牙相錯 堅忍不拔 見賢思齊

한자	뜻·음	부수-획수
犬	개 견	犬—0획
牙	어금니 아	牙—0획
相	서로 상	目—4획
錯	어긋날 착	金—8획
堅	굳을 견	土—8획
忍	참을 인	心—3획
不	아니 불	一—3획
拔	뺄 발	水—5획
見	볼 견	見—0획
賢	어질 현	貝—8획
思	생각할 사	心—5획
齊	가지런할 제	齊—0획

缺席 申告 結者解之 謙讓美德

한자	뜻·음	부수-획수
缺	이빠질 결	缶—4획
席	자리 석	巾—7획
申	알릴 신	申—0획
告	알릴 고	口—4획
結	맺을 결	糸—6획
者	사람 자	耂—5획
解	풀 해	角—6획
之	어조사 지	丿—3획
謙	겸손할 겸	言—10획
讓	사양할 양	言—17획
美	아름다울 미	羊—3획
德	덕 덕	彳—12획

▶ 子曰「不怨天하며 不尤人이오 下學而上達이니라」
공자께서 말씀하시기를「하늘을 원망하지 않고 사람을 탓하지 않고서, 오직 밑에서부터 배워 위로 통달해 가야 하느니라」『論語』

해석

犬牙相錯 : 땅의 경계가 개의 위아래 이가 서로 어긋맞음과 같이, 어긋나고 뒤섞이어 일직선이 되지 아니함.

堅忍不拔 : 굳게 참고 버티어 마음을 빼앗기지 아니함.

見賢思齊 : 어진 사람을 보면 그와 같아질 것을 생각함.

缺席申告 : 결석을 했을 때에나 하려 할 때에, 그 사유를 신고하는 일.

結者解之 : 맺은 자가 풀어야 한다는 뜻으로, 자기가 저지른 일은 자기가 해결해야 한다는 말.

謙讓美德 : 겸손한 태도로써 남에게 사양하는 아름다운 덕.

景氣變動 : 자본주의 경제가 호경기·과잉생산·공황·불경기의 네 국면을 주기적으로 반복하는 현상.

京畿雜歌 : 조선 말엽부터 서울을 중심으로 시작한 경기도 지방의 소리.

輕諾寡信 : 가볍게 승낙은 하고 실행은 잘 하지 아니함.

고사 유래

傾國之色 : 임금의 마음을 혼미시켜 나라를 위태롭게 할 만큼의 뛰어난 미인을 말한다. 『한서』'외척전'에 의하면 무제 앞에서 노래와 춤이 훌륭한 이연년이 부른 노래 중 「북방에 한 아름다운 여인이 있는데, 세상에 다시 없이 홀로 섰네. 한번 돌아다 보면 성을 기울게 하고, 두번 돌아다 보면 나라를 기울게 할 정도이다.」란 말이 나온다고 한다. 그런데 이연년이 나라를 기울일 정도의 절세가인이라고 부른 바로 그 여인은 무제의 비가 된 계부인을 지칭한 것이라고 한다. 이 말을 미인의 대명사로 최초로 사용한 사람은 당나라 이백이고 백낙천도 장한가에서 양귀비를 경국이라는 말로 지칭하였다.

▷ 반대·상대의 뜻을 가진 한자

貸(빌릴 대)↔借(빌릴 차)   鈍(둔할 둔)↔敏(민첩할 민)   得(얻을 득)↔失(잃을 실)
冷(찰 랭)↔炎(뜨거울 염)   露(이슬 로)↔霜(서리 상)   瞭(밝을 료)↔曖(희미할 애)

庚	戌	國	恥	敬	而	遠	之	經	濟	開	發
천간 경	지지 술	나라 국	부끄러울치	공경할경	말이을이	멀 원	어조사지	다스릴경	구제할제	열 개	일으킬발
广—5획	戈—2획	囗—8획	心—6획	攵—9획	而—0획	辶—10획	丿—3획	糸—7획	水—14획	門—4획	癶—7획

庚戌國恥 敬而遠之 經濟開發

慶	州	踏	査	經	天	緯	地	階	級	打	破
경사 경	고을 주	밟을 답	조사할사	다스릴경	하늘 천	묶을 위	땅 지	차례 계	등급 급	칠 타	깨뜨릴파
心—11획	川—3획	足—8획	木—5획	糸—7획	大—1획	糸—9획	土—3획	阜—9획	糸—4획	手—2획	石—5획

慶州踏査 經天緯地 階級打破

▶ 子曰「學而不思則罔하고 思而不學則殆니라」
공자께서 말씀하시기를「배우기만 하고 생각하지 않으면 어둡고, 생각하기만 하고 배우지 않으면 위태로우니라」『論語』

桂林一枝 鷄鳴狗盜

桂	林	一	枝	鷄	鳴	狗	盜
계수나무계	수풀 림	한 일	가지 지	닭 계	울 명	개 구	도둑 도
木—6획	木—4획	——0획	木—4획	鳥—10획	鳥—3획	犬—5획	皿—7획

啓蒙哲學 鼓腹擊壤

啓	蒙	哲	學	鼓	腹	擊	壤
가르칠계	어릴 몽	밝을 철	학문 학	두드릴고	배 복	칠 격	땅 양
口—8획	艸—10획	口—7획	子—13획	鼓—0획	肉—9획	手—13획	土—17획

해 석

庚戌國恥: 경술년의 나라의 부끄러움. 즉, 1910년의 한일합방을 가리킴.
敬而遠之: 존경하기는 하되 가까이하지는 아니함.
經濟開發: 산업을 일으켜 국가 경제를 발전시키는 일.
慶州踏査: 경주에 실지로 가서 조사함.
經天緯地: 온 천하를 경륜하여 다스림.
階級打破: 사회적인 계급을 부인하고 깨뜨림.
桂林一枝: 대수롭지 않은 출세나 청귀(淸貴)하고 출중한 인품의 비유.
鷄鳴狗盜: 행세(行世)하는 사람이 배워서는 안될, 천한 기능을 가진 사람을 나타내는 말.
啓蒙哲學: 17~18세기에 영국·독일·프랑스 등 여러 나라의 사상계를 휩쓴 철학.

고사유래

鼓腹擊壤: 세상이 태평하고 의식이 풍부하며 근심 걱정 없이 안락하게 산다는 뜻이다. 요 임금이 하루는 정말 세상이 태평하고 무사한가 하는 의문을 품고 남루한 옷차림으로 민정을 살피러 갔다. 네거리 모퉁이에서 요의 덕을 칭송하는 아이들을 만났으나 의문이 풀리지 않아 교외로 벗어났다. 백발이 성성한 노인이 격양(나무팽이를 서로 맞부딪혀 승부를 결정하는 놀이)에 열중하고 두 손으로 배를 두드리며 즐겁게 노래를 부르고 있는 것이 아닌가? 비로소 요 임금은 기쁨을 감추지 않았다. 백성들은 아무 불안도 없이 고복(배를 두드림)하고 격양을 즐기며 정치 따위는 아랑곳도 없이 잊어버리고 있었다. 정치가 잘 되어가는 증거임을 알았다.

▷ 반대·상대의 뜻을 가진 한자
漠(아득할 막)↔確(확실할 확)   晚(늦을 만)↔早(일찍 조)   忙(바쁠 망)↔閑(한가할 한)
賣(팔 매)↔買(살 매)   孟(맏 맹)↔季(끝 계)   明(밝을 명)↔暗(어두울 암)

癸	丑	日	記	古	今	獨	步	孤	立	無	援
천간 계	지지 축	날 일	적을 기	예 고	이제 금	홀로 독	걸음 보	외로울 고	설 립	없을 무	도울 원
癶—4획	一—3획	日—0획	言—3획	口—2획	人—2획	犬—13획	止—3획	子—5획	立—0획	火—8획	手—9획

古	墳	壁	畫	孤	掌	難	鳴	固	定	換	率
예 고	무덤 분	벽 벽	그림 화	홀로 고	손바닥 장	어려운 난	울 명	굳을 고	정할 정	바꿀 환	비율 률
口—2획	土—12획	土—13획	田—7획	子—5획	手—8획	隹—11획	鳥—3획	囗—5획	宀—5획	手—9획	玄—6획

▶ 子曰「由아 誨女知之乎인저. 知之를 爲知之하고 不知를 爲不知가 是知也라」
공자께서 말씀하시기를 「유야, 네게 안다는 것이 무엇인지 가르쳐 주랴? 아는 것을 안다 하고 모르는 것을 모른다 하는 것이 바로 아는 것이니라」 『論語』

해 석

癸丑日記 : 인목대비의 원통한 정경을 어떤 궁녀가 기록한 글.
古今獨步 : 고금을 통하여 그와 비교할 사람이 없음.
孤立無援 : 고립되어 구원받을 데가 없음.
古墳壁畵 : 옛 무덤 벽에 그려진 그림.
孤掌難鳴 : 혼자서는 일을 이루지 못함을 이르는 말.
固定換率 : 환시세의 자유 변동을 막기 위해 일정한 비율로 고정시킨 환율.
瓜田李下 : '오이 밭을 지날 때에는 몸을 굽히어 신을 고쳐 신지 않고, 오얏나무 밑을 지날 때에는 갓을 고쳐 쓰지 않는다'에서 나온 말로, 의심받을 일은 하지 말라는 뜻.
曲學阿世 : 정도를 벗어난 학문으로 세상 사람에게 아첨함.
困獸猶鬪 : 위급한 경우에는 짐승일지라도 적을 향하여 싸우려고 덤빔.

고사유래

刮目相對 : 눈을 비비고 자세히 본다는 뜻으로, 남의 학문이나 재주가 현저하게 진보했음을 가리키는 말이다. 삼국시대 때 오나라에 유명한 장수가 있었는데 이름이 여몽이었다. 어려서 매우 가난하고 형제가 없어 외롭게 자라 글 읽을 형편이 못되어 무식하지만 가슴에 큰 뜻을 지녀 무공을 쌓아 큰 업적을 남겼다. 어느 날 손권이 글을 많이 읽어 학문을 익히도록 권하자 그날부터 마음과 힘을 돋구어 글을 읽어 책 속에서 많은 지식을 얻었고 많은 사물의 이치를 깨달았다. 그리하여 그 당시의 노학자들과 전문가들로부터 여몽의 학식에 못미침을 자탄하는 소리가 들렸다. 학문이나 재주 또는 사업에 보잘것없었던 사람이 훌륭하게 되었을 때를 말한다. 괄목상간(**刮目相看**)이라고도 한다.

瓜	田	李	下	曲	學	阿	世
오이 과	밭 전	오얏 리	아래 하	굽을 곡	학문 학	아첨할 아	세상 세
瓜-0획	田-0획	木-3획	一-2획	日-2획	子-13획	阝-5획	一-4획

困	獸	猶	鬪	刮	目	相	對
고난 곤	길짐승 수	움직일 유	싸울 투	비빌 괄	눈 목	서로 상	대할 대
囗-4획	犬-15획	犬-9획	鬥-10획	刂-6획	目-0획	目-4획	寸-11획

▷ 반대·상대의 뜻을 가진 한자

文(글월 문)↔武(무사 무) 　問(물을 문)↔答(답할 답) 　美(아름다울 미)↔醜(추할 추)
放(놓을 방)↔防(막을 방) 　逢(만날 봉)↔別(헤어질 별) 　浮(뜰 부)↔沈(잠길 침)

公	卿	大	夫	公	館	閉	鎖	恐	懼	謹	愼
공 공	벼슬 경	클 대	사내 부	공 공	집 관	가둘 폐	자물쇠 쇄	두려울 공	두려워할 구	삼갈 근	삼갈 신
八—2획	卩—10획	大—0획	大—1획	八—2획	食—8획	門—3획	金—10획	心—6획	心—18획	言—11획	心—10획
丿八公公	𠂉𠂉卯𠂉卿卿卿	一ナ大	一二キ夫	丿八公公	𠂉𠂉食飠館館館	丨冂冂門門閉閉	𠂉午金釒鎖鎖鎖	丅丑玎玑恐恐	忄忄忄忄忄懼懼	言訁訁訁謹謹	忄忄忄忄忄愼愼
公	卿	大	夫	公	館	閉	鎖	恐	懼	謹	愼

共	同	貸	付	孔	孟	之	道	誇	大	妄	想
함께 공	한가지 동	빌릴 대	줄 부	성 공	성 맹	어조사 지	길 도	자랑할 과	클 대	망령될 망	생각 상
八—4획	口—3획	貝—5획	人—3획	子—1획	子—5획	丿—3획	辵—9획	言—6획	大—0획	女—3획	心—9획
一十卄共共共	丨冂冂同同同	亻亻代代伐貸貸	亻亻仁付付	𠃌了孑孔	𠂉了孑舌舌孟孟	㇀㇏之	丷丷首首首首道	言言訁訁誇誇	一ナ大	丶亠亡妄妄	十木朾相相想想
共	同	貸	付	孔	孟	之	道	誇	大	妄	想

▶ 子曰 「溫故而知新이면 可以爲師矣니라」
  공자께서 말씀하시기를 「옛것을 익히고 새로운 것을 알면, 능히 남의 스승이 될 수 있느니라」 『論語』

해 석

- 公卿大夫 : 벼슬이 높은 사람들.
- 公館閉鎖 : 관청의 문을 닫음. 즉, 어떤 일을 하는 정부 기관을 없애버림.
- 恐懼謹愼 : 두려워하고 삼감.
- 共同貸付 : 두 개 이상의 은행이 한 개인이나 한 회사에 대하여 자금을 대부하는 일.
- 孔孟之道 : 공자와 맹자가 주장한 인의(仁義)의 도덕.
- 誇大妄想 : 지나치게 과장하여 사실처럼 믿는 터무니없는 생각.
- 寡聞淺識 : 견문이 적고 학식이 얕음.
- 官爵削奪 : 죄를 지은 사람의 벼슬과 품계를 빼앗고 이름을 명부에서 없앰.
- 管鮑之交 : 친구 사이의 매우 다정하고 허물없는 교제를 이르는 말.

고사유래

口若懸河 : 흐르는 물과 같이 거침없이 말을 잘한다는 말이다. 진나라 때의 대학자 곽상(자는 자현)은 어릴 때부터 재주와 학식이 비범하여 모든 현상을 유심히 관찰하고 그 이치를 힘써 사색했다. 뒷날 그는 장자와 노자의 학설을 즐겨 읽으면서 깊은 연구를 게을리하지 않았다. 당시 여러 차례 벼슬을 권하는 사람이 있었으나 모두 사절해 버리고 학문을 연구하고 철리를 이야기하는 것을 가장 즐거운 일로 여겼다. 그는 지식이 풍부하여 모든 일의 이치를 똑똑히 잘 설명했고 자기의 견해를 아는 대로 발휘하기를 좋아했다. 태위 왕연은 곽상의 말을 듣는 것은 마치 산위에서 끊임없이 떨어지는 물과 같이 거침없이 흘러내린다며 그를 칭찬하였다.

寡	聞	淺	識	官	爵	削	奪
적을 과	들을 문	얕을 천	알 식	벼슬 관	벼슬 작	깎을 삭	빼앗을 탈
宀—11획	耳—8획	水—8획	言—12획	宀—5획	爪—14획	刂—7획	大—11획

管	鮑	之	交	口	若	懸	河
관 관	학공 포	어조사 지	사귈 교	입 구	같을 약	매달 현	물 하
竹—8획	魚—5획	丿—3획	亠—4획	口—0획	艹—5획	心—16획	水—5획

▷ 반대·상대의 뜻을 가진 한자

- 悲(슬플 비)↔喜(기쁠 희)
- 生(살 생)↔滅(멸망할 멸)
- 貧(가난할 빈)↔富(넉넉할 부)
- 善(착할 선)↔惡(악할 악)
- 常(일상 상)↔特(특별할 특)
- 盛(성할 성)↔衰(쇠할 쇠)

管	絃	樂	團	冠	婚	喪	祭	寬	厚	敦	篤
대롱 관	현악기 현	풍류 악	모임 단	갓 관	혼인할 혼	죽을 상	제사 제	너그러울 관	두터울 후	도타울 돈	도타울 독
竹—8획	糸—5획	木—11획	囗—11획	冖—7획	女—8획	口—9획	示—6획	宀—12획	厂—7획	攵—8획	竹—10획

廣	告	郵	便	廣	漠	無	邊	光	輝	萬	邦
넓을 광	알릴 고	우편 우	소식 편	넓을 광	아득할 막	없을 무	가 변	빛 광	빛날 휘	일만 만	나라 방
广—12획	口—4획	邑—8획	人—7획	广—12획	水—11획	火—8획	辵—15획	儿—4획	車—8획	艸—9획	邑—4획

▶ 子曰「學如不及이오 猶恐失之니라」
공자께서 말씀하시기를「학문은 미치지 못할 것처럼 하되, 오히려 그것을 잃을까 두려워해야 하느니라」
『論語』

해석

管絃樂團 : 관현악을 연주하는 단체. 오케스트라.

冠婚喪祭 : 사람의 일생과 관련된 의식인 관례·혼례·상례·제례의 총칭.

寬厚敦篤 : 마음씨가 너그럽고 후하며 인정이 도타움.

廣告郵便 : 받을 사람을 지정하지 아니하고 우체국에서 그 구내(區內)에 배달하는 특수 우편.

廣漠無邊 : 넓고 아득하여 끝이 없음.

光輝萬邦 : 아름다운 빛이 온 세계에 빛남.

掛冠隱退 : 벼슬을 내놓고 물러나 한가로이 지냄.

矯角殺牛 : 결점이나 흠을 고치려다가 수단이 지나쳐서 일을 그르치게 됨.

郊外散策 : 교외로 나가서 여기저기 거닐며 바람을 쐼.

고사유래

捲土重來 : 흙먼지를 일으키며 다시 온다는 뜻으로서, 한번 실패한 사람이 세력을 회복하여 다시 쳐들어 오는 것을 말한다. 한나라의 유방과 천하의 패권을 놓고 싸우던 항우는 비극적인 최후를 마쳤기 때문에 문학상의 주인공으로도 자주 등장한다. 이 말도 당나라 말의 시인 두목의 시 '제오강제'에 나오는 「강동자제에는 준재도 많았는데 권토중래했더라면 어떻게 됐을는지 모른다.」라는 싯구와 관련된다. 항우가 고향인 강동 땅에 돌아가 세력을 만회하여 또 한번 유방과 대결했더라면 천하대세는 어떻게 되었을는지 모른다는 뜻으로 그의 최후를 못내 아쉬워하여 읊은 것이다.

▷ 반대·상대의 뜻을 가진 한자

消(쓸 소)↔積(쌓을 적) 損(잃을 손)↔益(더할 익) 送(보낼 송)↔迎(맞을 영)

首(머리 수)↔尾(꼬리 미) 授(줄 수)↔受(받을 수) 瞬(눈 깜짝할 순)↔永(길 영)

校	訓	實	踐	拘	禁	罪	囚	構	內	賣	店
학교 교	가르칠훈	열매 실	행할 천	잡을 구	금할 금	허물 죄	죄수 수	얽을 구	안 내	팔 매	가게 점
木—6획	言—3획	宀—11획	足—8획	手—5획	示—8획	罒—8획	囗—2획	木—10획	入—2획	貝—8획	广—5획

具	象	概	念	口	尚	乳	臭	九	牛	一	毛
갖출 구	형상 상	대개 개	생각 념	입 구	오히려상	젖 유	냄새 취	아홉 구	소 우	한 일	털 모
八—6획	豕—5획	木—11획	心—4획	口—0획	小—5획	乙—7획	自—4획	乙—1획	牛—0획	一—0획	毛—0획

▶ 子曰「知者는 不惑하고 仁者는 不憂하고 勇者는 不懼니라」
공자께서 말씀하시기를 「지혜로운 자는 당황하지 않고, 어진 자는 근심하지 않고, 용기 있는 자는 두려워하지 않느니라」『論語』

해 석

校訓實踐 : 학교의 교육 방침을 실제로 행함.
拘禁罪囚 : 죄를 저질러 감옥에 갇힌 사람.
構內賣店 : 구내에 있는 매점.
具象槪念 : 다른 사물과의 관련에서 충분히 포착한 사물의 개념.
口尙乳臭 : 입에서 아직 젖내가 난다는 뜻으로, 언어와 행동이 유치함.
九牛一毛 : 소 아홉 마리에 털 한 개라는 뜻으로, 썩 많은 가운데서 매우 적은 것을 일컫는 말.
苟全性命 : 구차하게 목숨을 보전함.
九折羊腸 : 양의 창자처럼 산길 같은 것이 꼬불꼬불하고 험함을 일컫는 말.
救火揚沸 : 불에 타고 있는 자를 구하려고 끓는 물을 퍼 올림. 즉, 더욱더 괴롭힘을 이름.

고사유래

岐路亡羊 : 전국시대의 학자 양자와 관련된 이야기로 학문의 길도 지나치게 다방면일 때는 오히려 진리를 잃기 쉽다는 말이다. 어느 날 양자의 옆집에서 양 한 마리를 잃었는데 모든 식구를 동원하고 심지어 양자의 집 하인들까지 동원하여 찾았으나 결국 찾지 못하였다. 양자가 물으니 갈림길이 많아 되돌아 왔다는 것이었다. 이 말을 듣고 양자는 금시야 우울증에 걸린 사람마냥 매우 언짢은 표정을 지었다. 제자들은 스승이 갑자기 이런 태도를 취한 원인을 알지 못했다. 며칠이 지나서야 제자 중 한 사람이 홀연히 깨달았다. 「큰 길은 갈림길이 많아서 양을 잃어버리고, 학자는 학문의 길이 여러가지로 갈라져서 좀처럼 원줄기를 붙잡지 못한다는 것이로군.」

苟	全	性	命	九	折	羊	腸
구차할구	온통 전	목숨 성	목숨 명	아홉 구	꺾을 절	양 양	창자 장
艹—5획	入—4획	心—5획	口—5획	乙—1획	手—4획	羊—0획	肉—9획
一十十十芍苟	人人人今全全	八八忄忄忄忄性性	人人人合合合命命	ノ九	一十扌扩折折	丶丷ㅛ乎羊	月肝肝肥腸腸
苟	全	性	命	九	折	羊	腸

救	火	揚	沸	岐	路	亡	羊
도울 구	불 화	오를 양	끓을 비	갈림길기	길 로	도망할망	양 양
攴—7획	火—0획	手—9획	水—5획	山—4획	足—6획	亠—1획	羊—0획
十十寸寸求救	丶丶火火	扌扩护护揚揚	氵氵沪沪沸沸	丨山山岐岐岐	口足足趵路路	亠亡	丶丷ㅛ乎羊
救	火	揚	沸	岐	路	亡	羊

▷ 반대·상대의 뜻을 가진 한자

崇(높일 숭)↔凌(업신여길릉)　　昇(오를 승)↔降(내릴 강)　　勝(이길 승)↔敗(패할 패)
視(볼 시)↔聽(들을 청)　　新(새 신)↔舊(옛 구)　　深(깊을 심)↔淺(얕을 천)

國	難	克	服	國	力	伸	張	國	民	總	和
나라 국	어려울 난	이길 극	복종할 복	나라 국	힘 력	펼 신	펼 장	나라 국	백성 민	모두 총	온화할 화
口—8획	隹—11획	儿—5획	月—4획	口—8획	力—0획	人—5획	弓—8획	口—8획	氏—1획	糸—11획	口—5획

▶ 子曰「巧言令色이 鮮矣仁이니라」
　공자께서 말씀하시기를「듣기 좋게 꾸미는 말과 보기 좋게 꾸미는 낯빛에는 仁이 드무니라」『論語』

國	際	慣	例	局	限	範	圍	國	憲	守	護
나라 국	사귈 제	익숙할 관	법식 례	판 국	한정할 한	한계 범	둘레 위	나라 국	법 헌	지킬 수	지킬 호
口—8획	阜—11획	心—11획	人—6획	尸—4획	阜—6획	竹—9획	口—9획	口—8획	心—12획	宀—3획	言—14획

群	鷄	一	鶴	郡	縣	制	度
무리 군	닭 계	한 일	두루미학	고을 군	고을 현	법도 제	정도 도
羊—7획	鳥—10획	——0획	鳥—10획	邑—7획	糸—10획	刀—6획	广—6획
群	鷄	一	鶴	郡	縣	制	度

宮	庭	詩	人	杞	人	憂	天
궁궐 궁	뜰 정	시 시	사람 인	나라이름기	사람 인	근심 우	하늘 천
宀—7획	广—7획	言—6획	人—0획	木—3획	人—0획	心—11획	大—1획
宮	庭	詩	人	杞	人	憂	天

해 석

國難克服: 나라의 위태로운 상태나 어려운 형편을 이겨냄.
國力伸張: 국가의 힘, 즉 경제력·군사력 등의 종합적인 힘을 넓게 뻗침.
國民總和: 나라의 백성 전체의 화합.
國際慣例: 국제적으로 널리 통용되는 관례.
局限範圍: 어떤 현상이나 사물의 한 국부에 한정되어 있는 한계.
國憲守護: 나라의 근본이 되는 법률을 지키고 보호함.
群鷄一鶴: 닭우리 속에 있는 한 마리의 학이라는 뜻으로, 수많은 사람들 가운데서 뛰어나게 우수한 사람을 가리키는 말.
郡縣制度: 행정구역을 정하여 지방관이 중앙정부의 지시를 받아, 그 구역의 행정을 맡아 하는 제도.
宮庭詩人: 17세기 영국에 있어서 왕당파에 속했던 서정 시인.

고사유래

杞人憂天: 장래의 일에 대해 쓸데없는 걱정을 한다는 말이다. 주 시대 기나라에 병적이라고 할 수 있을 정도로 쓸데없이 걱정하는 사람이 있었다. 그는 「만일 하늘이 무너지고 땅이 꺼져 온 천지가 붕괴된다면 어떻게 할까? 도저히 솟아날 구멍이 없을 거야.」하면서 근심이 되어 밤잠을 제대로 이루지 못했다. 생각할수록 걱정되어 도무지 밥맛을 잃어 식음도 전폐할 지경에 이르렀다. 그러나 어떤 사람이 그에게 찬찬히 일러주기를, 「하늘이란 단지 공기가 쌓여서 만들어진 것이고 땅은 온누리를 차지하리만큼 넓으니 하나도 근심 걱정할 것이 없다.」고 하였다. 이 말을 듣고서야 그는 비로소 안심하고 음식물을 입에 넣고 잠도 편안하게 자게 되었다고 한다.

▷ 반대·상대의 뜻을 가진 한자

我(나 아)↔汝(너 여) 仰(우러를 앙)↔俯(구부릴 부) 愛(사랑 애)↔憎(미워할 증)
哀(슬플 애)↔歡(기쁠 환) 嚴(엄할 엄)↔慈(인자할 자) 逆(거스를 역)↔順(좇을 순)

窮	鳥	入	懷	卷	末	附	錄	權	謀	術	數
막힐 궁	새 조	들 입	품을 회	책 권	끝 말	붙을 부	기록할록	권세 권	꾀할 모	꾀 술	꾀 수
穴―10획	鳥―0획	入―0획	心―16획	卩―6획	木―1획	阜―5획	金―8획	木―18획	言―9획	行―5획	攵―11획
丷宀穴穵窮窮	ノ丿白鳥鳥鳥	ノ入	忄忄忄忄忄懷懷	丷半关卷卷卷	一二才末	阝阝阝阝附附	스今金釒釒鋖錄	木木栟栟栟權權	言言訁訁訁謀謀	彳彳彳术术術術術	甲串串婁婁數

窮	鳥	入	懷	卷	末	附	錄	權	謀	術	數
窮	鳥	入	懷	卷	末	附	錄	權	謀	術	數

勸	善	懲	惡	拳	銃	射	擊	閨	中	淑	女
권할 권	착할 선	징계할징	악할 악	주먹 권	총 총	쏠 사	칠 격	안방 규	가운데중	맑을 숙	여자 녀
力―18획	口―9획	心―15획	心―8획	手―6획	金―6획	寸―7획	手―13획	門―6획	丨―3획	水―8획	女―0획
艹艹芦苫莒藋勸勸	羊羊羊羊苦善	彳徉徉徵徵懲	一耳亞亞惡惡	丷半关关拳拳	스今金金釒銃銃	丿丬丬身身射射	一申車敫敫擊	丨丨門門門閨閨	丨口口中	氵沪沪泮泮淑淑	人女女

勸	善	懲	惡	拳	銃	射	擊	閨	中	淑	女
勸	善	懲	惡	拳	銃	射	擊	閨	中	淑	女

▶ 子曰 「仁遠乎哉아 我欲仁이면 斯仁至矣니라」
　공자께서 말씀하시기를 「仁이 먼 데 있으랴? 내가 仁을 바라기만 한다면, 곧 仁은 오느니라」 『論語』

勤	儉	貯	蓄	斤	量	未	達
부지런할근	검소할검	쌓을 저	쌓을 축	근 근	헤아릴량	아닐 미	이를 달
力―11획	人―13획	貝―5획	艸―10획	斤―0획	里―5획	木―1획	辶―9획

해　석

窮鳥入懷 : 궁지에 몰린 사람이 와서 의지하는 것을 이름.
卷末附錄 : 책의 맨 끝에 있는 부록.
權謀術數 : 목적을 위해서는 수단을 가리지 않고 온갖 방법을 쓰는 술책.
勸善懲惡 : 착한 행실을 권하고 악한 행실을 징계함.
拳銃射擊 : 권총으로 쏨.
閨中淑女 : 집안에 들어앉아 있는 정숙한 여인.
勤儉貯蓄 : 부지런하고 알뜰하게 하여 재물을 모음.
斤量未達 : 저울에 단 무게가 어떤 한도에 이르지 못함.
勤勉節約 : 부지런히 일하고 아껴 씀.

勤	勉	節	約	洛	陽	紙	貴
부지런할근	힘쓸 면	절약할절	검소할약	물 락	볕 양	종이 지	귀할 귀
力―11획	力―7획	竹―9획	糸―3획	水―6획	阜―9획	糸―4획	貝―5획

고사유래
洛陽紙貴 : 수도인 낙양의 종이값이 폭등했다는 말로서, 책이 호평을 받아 매우 잘 팔린다는 뜻이다. 진나라에 좌사라는 시인이 있었다. 용모로 보면 조물주의 실수라고 생각할 정도로 추남인데다 말주변까지 없어서 전혀 표면에 나타나지 않는 존재였다. 바로 그런 사람이 일단 붓만 들었다하면, 주옥 같은 훌륭한 시를 써내곤 하였다. 그 시도 전원시 같은 것인가 하면, 뜻밖에도 '제도부' 라든가 '삼도부' 와 같이 도시생활을 읊은 도시인 취향의 시들이었다. 모두 화려하고 세련된 문장이었다. 드디어 이 시가 당대의 유명한 시인이자 평론가인 장화의 눈에 띄어 극찬을 받았다. 장화가 높이 평가하고 극구 칭찬하자, 사람들이 앞을 다투어 삼도부라는 시를 돌려가며 베껴쓰게 되자 낙양의 종이값이 갑자기 뛰어오르게 되었다고 한다.

▷ 반대 · 상대의 뜻을 가진 한자

厭(싫을　염)↔樂(좋아할 요)　　凹(오목할 요)↔凸(볼록할 철)　　優(뛰어날 우)↔劣(못날　렬)
隱(숨을　은)↔顯(나타날 현)　　陰(그늘　음)↔陽(볕　　　양)　　因(까닭　인)↔果(결과　과)

勤	務	怠	慢	近	墨	者	黑	根	培	枝	達
부지런할근	힘쓸 무	게으를태	게으를만	가까울근	먹 묵	사람 자	검을 흑	뿌리 근	북돋을배	가지 지	이를 달
力-11획	力-9획	心-5획	心-11획	辵-4획	土-12획	耂-5획	黑-0획	木-6획	土-8획	木-4획	辵-9획

僅	少	差	異	近	朱	必	赤	金	塊	市	場
겨우 근	적을 소	틀릴 차	다를 이	가까울근	붉을 주	반드시필	붉을 적	쇠 금	덩어리괴	도시 시	마당 장
人-11획	小-1획	工-7획	田-6획	辵-4획	木-2획	心-1획	赤-0획	金-0획	土-10획	巾-2획	土-9획

▶ 子曰「里仁이 爲美하니 擇不處仁이면 焉得知리오」
공자께서 말씀하시기를 「마을 인심은 仁한 것이 좋은 법이니, 가려서 仁한 곳에 살지 않는다면, 어찌 지혜롭다 할 수 있으랴!」 『論語』

한자 쓰기

金	蘭	之	契	錦	上	添	花
쇠 금	난초 란	어조사지	맺을 계	비단 금	위 상	더할 첨	꽃 화
金―0획	艸―17획	丿―3획	大―6획	金―8획	一―2획	水―8획	艸―4획
ハ△全全余余金金	艹芦芦 蘭蘭蘭	、ン之	丰刬刧契契	乍年金金 釤鈤錦錦	丨卜上	氵氵沃添添添	艹艹艹艹花花
金	蘭	之	契	錦	上	添	花

金	石	盟	約	內	助	之	賢
쇠 금	돌 석	맹세할맹	약속할약	안 내	도울 조	어조사지	어질 현
金―0획	石―0획	皿―8획	糸―3획	入―2획	力―5획	丿―3획	貝―8획
ハ△全全余余金金	一ア ズ 石 石	日明明明明盟	幺 幺 糸 糸 約 約	丨冂内內	丨冂月日助助	、ン之	、日 臤 臤 臤 賢 賢
金	石	盟	約	內	助	之	賢

해 석

勤務怠慢 : 일을 하는 데 있어 게으름을 부림.
近墨者黑 : 먹을 가까이하는 사람은 검어진다는 뜻으로, 나쁜 사람과 사귀면 그 버릇에 물들기 쉽다는 말.
根培枝達 : 학문의 기초를 튼튼히 하면 학식이 절로 늚.
僅少差異 : 아주 적은 차이.
近朱必赤 : 사람은 늘 그가 가까이하는 사람에 따라 변하게 되니 조심하라는 말.(＝近墨者黑)
金塊市場 : 세계 금의 시장이 집합하는 시장.(런던·뉴욕·봄베이 등)
金蘭之契 : 다정한 친구 사이의 정의. 또는 다정한 친구 사이의 교제.
錦上添花 : 좋고 아름다운 것에 더 좋은 것을 더한다는 뜻.
金石盟約 : 금속처럼 굳은 약속.

고사유래

內助之賢 : 남편이 어질고 정숙한 아내의 도움을 받는다는 뜻이다. 안영은 전국시대 제나라의 명신으로서 자는 평중이라 하였고 후에 재상이 된 인물이다. 몸이 남달리 작았지만 재능이 뛰어나 그의 이름은 제후들에게 널리 알려졌다. 어느 날 안영이 외출을 하게 되어 마부가 이끄는 마차를 타고 가게 되었다. 마부의 아내는 현명하고 정숙한 여자였는데 마차가 집앞을 지날 때 문틈으로 보니 그의 남편이 마부인 처지에 말채찍을 휘어잡고 우쭐거리며 마차를 모는 것이었다. 남편이 귀가했을 때 아내는 남편을 심히 질책하였고 마부는 이후부터 태도가 일변해 항상 겸허하고 다정해졌다. 안영이 이상히 여겨 까닭을 물으니 마부는 그날 아내의 얘기를 하였다. 안영은 그가 아내의 말을 받아들여 자기의 잘못을 고쳐나가는 태도를 보고는 그를 인정해 드디어 대부의 벼슬로 천거해 주었다.

▷ 반대·상대의 뜻을 가진 한자

雌(암컷 자)↔雄(수컷 웅)　　姉(누이 자)↔妹(아랫누이매)　　田(밭 전)↔畓(논 답)
絶(끊을 절)↔繼(이을 계)　　淨(깨끗할 정)↔汚(더러울 오)　　靜(고요할 정)↔騷(시끄러울소)

今	兹	來	兹	金	錢	貸	借	肯	定	命	題
이제 금	이 자	올 래	이 자	쇠 금	돈 전	빌릴 대	빌릴 차	수긍할긍	정할 정	분부 명	제목 제
人－2획	玄－5획	人－6획	玄－5획	金－0획	金－8획	貝－5획	人－8획	月－4획	宀－5획	口－5획	頁－9획

紀	綱	確	立	奇	怪	罔	測	技	術	提	携
벼리 기	벼리 강	확실할확	설 립	기이할기	괴이할괴	없을 망	측량할측	재주 기	재주 술	내놓을제	들 휴
糸－3획	糸－8획	石－10획	立－0획	大－5획	心－5획	罒－3획	水－9획	手－4획	行－5획	手－9획	手－10획

▶ 子曰 「知及之라도 仁不能守之면 雖得之나 必失之니라」
공자께서 말씀하시기를 「지혜는 그 지위에 미칠지라도 仁이 그를 지킬 수 없다면 비록 그를 얻을지라도 반드시 이를 잃게 되느니라」 『論語』

飢	餓	賃	金	企	業	繁	昌
굶을 기	굶을 아	품팔이임	쇠 금	꾀할 기	업 업	번성할번	창성할창
食—2획	食—7획	貝—6획	金—0획	人—4획	木—9획	糸—11획	日—4획
ノ人へ今今食飢	ノ人へ今食食餓餓	イ仁仟仟侔賃賃	ノ人へ今今全金金	ノ人入ぐ企企	'''''''业業業	一广每每敏敏繁繁	丨口日日昌昌
飢	餓	賃	金	企	業	繁	昌

해 석

今玆來玆 : 금년과 내년.
金錢貸借 : 돈을 빌리고 빎. 즉 돈을 꾸어줌과 꿈.
肯定命題 : 주어와 서술어와의 일치를 제시하는 명제.
紀綱確立 : 규율과 질서가 확고하게 섬.
奇怪罔測 : 기괴하기가 이루 말할 수 없음.
技術提携 : 두 기업 사이에서, 특정 상품의 제조법, 기술 지도 등을 도움.
飢餓賃金 : 굶어죽지 아니할 정도밖에는 지불하지 아니하는 품삯.
企業繁昌 : 사업이 번성하고 창성함.
豈有此理 : 그럴 리가 있으랴? 즉, 그럴 리는 없음.

豈	有	此	理	老	當	壯	益
어찌 기	있을 유	이 차	이치 리	늙을 로	당할 당	씩씩할장	더할 익
豆—3획	月—2획	止—2획	玉—7획	老—0획	田—8획	士—4획	皿—5획
'''止豈豈豈	ノナナ冇冇有	1 卜 止 止 此	'二F玾理理	一十土耂耂老	'''''严当當當	一十爿爿壯壯	八公父谷谷谷益
豈	有	此	理	老	當	壯	益

고사유래 老當壯益 : 대장부가 뜻을 품었으면 어려울수록 굳세어야 하고 늙을수록 건강해야 한다는 뜻이다. 서한 말년에 마원이라는 장사가 있었는데 어려서부터 글을 배우고 예절을 익혔으며 무예에도 정통하여 큰 뜻을 간직하였다. 벼슬을 하던 중 죄수들을 압송하게 되었는데 고통에 못이기는 죄수들을 동정하여 임의로 풀어주고는 북방으로 달아나 소, 말, 양 따위를 놓아 먹이면서 지내게 되었다. 후에 큰돈을 벌게 되자 친구나 이웃사람에게 나누어주고 자신은 극도로 검소한 생활을 하던 중 동정호 일대에 일어난 난리를 평정하고자 예순둘의 나이에 갑옷을 입고 말을 타고 전군을 지휘 통솔하여 호호탕탕히 나라를 위해 출정하였다. 이를 본 광무제가 「이 노인장이야말로 노당장익이로군!」 하고 치하하였다.

▷ 반대 · 상대의 뜻을 가진 한자
朝(아침 조)↔暮(저물 모)   燥(마를 조)↔濕(젖을 습)   尊(높을 존)↔卑(낮을 비)
縱(세로 종)↔橫(가로 횡)   左(왼 좌)↔右(오른 우)   呪(저주할 주)↔祝(축하할 축)

부수로 배워보는 한자 1

갑골문 전문

풀이 口+卩. 卩(절)은 편안히 앉아 쉬는 사람의 모양을 나타낸 글자이다. 口(구)는 일정한 장소를 가리킨다. 그리하여 사람들이 편안히 삶을 누리는 곳, 즉 '마을, 고을'의 뜻이 되었다. 邑이 부수로 쓰이면 마을이나 고을과 관련된 뜻을 갖게 되는데, 오른쪽에 쓰여 우부방이라 이른다.

[邸] 氐+阝
집(저)

阝(우부방)이 뜻을, 氐(저)는 음을 나타낸다. 氐는 '충당하다'란 뜻인데, 천자가 있는 서울에 제후가 와서 머무는 곳으로 '충당하는 집'이라는 말이다. *저택(邸宅).

[郊] 交+阝
성밖(교)

交는 炏와 통하는데, 炏는 엇걸어놓은 나무에 불을 붙여 하늘에 지내는 제사를 가리켰다. 이때 제사를 지내는 장소가 주로 도시의 변두리였으므로, 변두리나 서울 외곽을 가리키게 되었다. *교외(郊外).

*갑골문(甲骨文)은 거북딱지나 짐승의 뼈에 새긴 중국 고대의 상형문자이며, 전문(篆文) 역시 중국 고대의 문자로서 주나라 때의 태사인 주가 만들었다고 한다. 이들은 중국 글자를 만든 원형을 밝히는 데 중요한 서체이다.

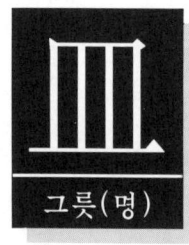

갑골문 전문

풀이 음식을 담는 접시를 본떠 만든 글자이다. 부수로 쓰일 때는 皿을 뜻부분으로 하여 여러 종류의 그릇이나 접시에 담는 일에 관한 것을 나타낸다.

[盈] 皿+乃+又
찰(영)

乃(내)는 펴진 활을, 又(우)는 손을 본뜬 것이다. 덜 펴진 활을 잡아당기듯이 그릇(皿) 위에 음식을 담는다는 말이다. *영월(盈月).

[盜] 次+皿
훔칠(도)

次(연)은 부러운 듯이 침을 흘린다는 뜻이다. 그릇 속에 담긴 음식을 침을 흘리며 갖고 싶어하다 급기야 훔치게 된다는 뜻이다. *도벽(盜癖).

[盤] 般+皿
쟁반(반)

般(반)은 커다란 배를 가리킨다. 커다란 배처럼 큰 쟁반을 말한다. *반석(盤石).

부수로 배워보는 한자 2

구멍(혈)

갑골문  전문

풀이 아주 오랜 옛날에는 벽이나 바위에 커다란 구멍을 뚫고 살았는데, 이를 혈거생활(穴居生活)이라 한다. 穴은 이것을 형상화한 것이다.

[空] 穴+工
빌(공)

工(공)은 끌 등의 공구로 '꿰뚫다'란 뜻이다. 꿰뚫은 구멍의 뜻에서 '비다, 공허하다, 헛되다'란 뜻이 비롯되었다. *공약(空約).

[窮] 穴+躬
궁할(궁)

躬(궁)의 원래 모습은 '身+呂'이다. 身(신)은 임신하여 배가 부른 모습을 그린 것이고 呂(려)는 등뼈를 그린 것으로, 합하여 몸을 가리킨다. 사람의 몸이 구멍에 처박혀진다, 즉 몹시 어려운 상태를 나타낸 것이다. *곤궁(困窮).

[竊] 穴+丿+米+禼
훔칠(절)

집(穴)에서 쌀을(米) 꺼내다(丿). 丿(별)은 卄(공)이 변한 것으로 '벌레'를 뜻하기도 한다. 집에서 쌀을 축내는 벌레와 같은 짓, 즉 '훔치다, 도둑질하다'란 뜻이다. *절도(竊盜).

쉬엄쉬엄갈(착)

갑골문   전문

풀이 行+止. 行(행)은 네거리란 뜻이고, 止(지)는 발, 혹은 길을 가다란 뜻이다. 부수로 쓰이면서 辶으로 변화되었으며, 辶이 뜻부분이 되어 길을 가거나 멀고 가까운 뜻과 관계되는 글자가 된다.

[迂] 辶+于
굽을(우)

于(우)는 활의 모양으로 '굽었다'는 뜻이다. *우회(迂廻).

[迅] 辶+卂
빠를(신)

卂은 '빠르다'는 뜻으로 음부(音符) 辶과 만나 '빨리 간다'는 뜻이 되었다. *신속(迅速).

[透] 辶+秀
뚤(투)

秀(수)는 '禾+乃'로 禾(화)는 벼이삭, 乃(내)는 뻗은 활의 모양을 본떠 길게 뻗어나간다는 뜻이다. 辶과 만나 길게 뻗어나가도록 '내뚫다'라는 뜻이 되었다. *투과(透過).

幾	至	死	境	基	礎	知	識	旗	幅	蔽	野
거의 기	이를 지	죽을 사	지경 경	터 기	주춧돌 초	알 지	알 식	기 기	폭 폭	가릴 폐	들 야
幺—9획	至—0획	歹—2획	土—11획	土—8획	石—13획	矢—3획	言—12획	方—10획	巾—9획	艹—12획	里—4획

騎	虎	之	勢	機	會	捕	捉	緊	張	緩	和
말탈 기	범 호	어조사 지	기세 세	기틀 기	모일 회	잡을 포	잡을 착	움츠릴 긴	펼 장	느릴 완	온화할 화
馬—8획	虍—2획	丿—3획	力—11획	木—12획	日—9획	手—7획	手—7획	糸—8획	弓—8획	糸—9획	口—5획

▶ 子曰「志士仁人은 無求生以害仁이오 有殺身以成仁이니라」
공자께서 말씀하시기를 「뜻있는 선비와 仁한 사람은 살기를 도모하여 仁을 해치는 일은 없고, 자기 몸을 죽여 仁을 이루는 일은 있느니라」 『論語』

해 석

- 幾至死境 : 거의 죽을 지경에 이름.
- 基礎知識 : 가장 근본이 되는 지식.
- 旗幅蔽野 : 기의 폭이 들을 가림. 즉, 수많은 군사가 쳐들어오거나 퇴각함을 형용하는 말.
- 騎虎之勢 : 범을 타고 달리는 듯한 기세, 즉 중도에서 그만둘 수 없는 형세를 가리키는 말.
- 機會捕捉 : 기회를 잡음.
- 緊張緩和 : 금방이라도 터질 듯한 상태가 느슨하게 풀림.
- 吉祥善事 : 더할 수 없이 기쁘고 좋은 일.
- 欄干童子 : 난간에 간막이한 작은 기둥.
- 爛商公論 : 여러 사람이 모여 의논함.

吉	祥	善	事	欄	干	童	子
길할 길	상서로울상	착할 선	일 사	난간 란	막을 간	아이 동	아들 자
口—3획	示—6획	口—9획	亅—7획	木—17획	干—0획	立—7획	子—0회
一十士吉吉吉	二亍禾禾祚祥祥	兰羊羊盖盖善	一一二写写亭事	木 栌 樹 欄 欄 欄	一二干	立产音音音童童	了了子

爛	商	公	論	大	器	晩	成
난만할란	헤아릴상	공 공	논의할론	클 대	그릇 기	늦을 만	이룰 성
火—17획	口—8획	八—2획	言—8획	大—0획	口—13획	日—7획	戈—3획
火 灯 灯 爛 爛 爛	亠产产产商商商	丿八公公	言 診 詥 論 論 論 論	一ナ大	口口 哭 哭 哭 器 器	日 旷 晄 晔 晔 晩	丿厂厂成成成

고사유래 大器晩成 : 크게 될 인물은 늦게 이루어진다는 뜻으로 『노자』에 나오는 말이다. 삼국시대 위나라의 최염은 위엄있는 유명한 무장이었지만, 그의 외사촌되는 임이라는 사람은 기골이나 인품에 있어서 우선 두드러진 데가 없었을 뿐 아니라 구변도 신통치 못해 최염과는 대조적으로 전혀 출세의 길이 열리지 않아 사람들로부터 괄시를 받아왔다. 그러나 최염만은 그를 극구변호하여 이렇게 말했다. 「큰 종이나 큰 솥은 쉽게 만들어지는 것이 아니다. 큰 인물도 마찬가지다. 내 아우 임도 그와 같은 대기만성형으로 언젠가는 반드시 큰인물이 될 것이다.」 장담했던 대로 임도 나중에는 나라의 삼공이 되고 천자를 보필하는 대임을 맡아서 옳게 임무를 수행한 대정치가가 되었다.

▷ 반대·상대의 뜻을 가진 한자

衆(많을 중)↔寡(적을 과)　　遲(더딜 지)↔速(빠를 속)　　眞(참 진)↔僞(거짓 위)
集(모을 집)↔散(흩을 산)　　着(입을 착)↔脫(벗을 탈)　　創(창조할 창)↔模(본뜰 모)

南	柯	一	夢	南	船	北	馬	郎	娘	戀	慕
남녘 남	가지 가	한 일	꿈 몽	남녘 남	배 선	북녘 북	말 마	사내 랑	각시 낭	사모할련	사모할모
十-7획	木-5획	一-0획	夕-11획	十-7획	舟-5획	匕-3획	馬-0획	邑-7획	女-7획	心-19획	心-11획

浪	漫	主	義	廊	廟	之	志	乃	武	乃	文
함부로랑	함부로만	주장할주	뜻 의	곁채 랑	사당 묘	어조사지	뜻 지	이에 내	무사 무	이에 내	글월 문
水-7획	水-11획	丶-4획	羊-7획	广-10획	广-12획	丿-3획	心-3획	丿-1획	止-4획	丿-1획	文-0획

▶ 子曰「人無遠慮면 必有近憂니라」
  공자께서 말씀하시기를「사람은 먼 (앞날에 대한) 생각이 없으면 반드시 가까운 근심이 있느니라」『論語』

해 석

南柯一夢 : 꿈과 같이 헛된 한때의 부귀와 영화를 일컫는 말.
南船北馬 : 늘 여기저기 쉴새없이 여행하거나 돌아다님을 뜻하는 말.
郎娘戀慕 : 사나이와 아가씨가 서로 상대방을 그리워함.
浪漫主義 : 18세기 말엽부터 19세기 초두에 걸쳐 유럽 여러 나라를 휩쓴 근대 문예사조 및 그 운동.
廊廟之志 : 재상(宰相)이 되어 국정을 맡아보려는 큰 뜻.
乃武乃文 : 임금의 덕을 높이고 기리는 말.
來賓祝辭 : 초대를 받아 찾아온 손님이 축하의 말을 함.
耐熱材料 : 고온도에서 큰 응력(應力)에 견디는 재료의 총칭.
冷凍食品 : 냉동하여 보존·저장하는 식품.

고사유래

大義滅親 : 국가의 대의를 위해서는 부모형제를 돌보지 않는다는 뜻이다. 춘추시대에 위나라에서 같은 가문의 주우가 왕인 환공을 죽이고 왕위를 찬탈하였다. 대부인 석작은 문자 그대로 충신으로서, 일찍부터 주우에게 모반심이 있음을 간파하고 자기 아들인 후에게 주우와의 교제를 금해 왔다. 그러나 후는 주우를 위공으로 봉하는데 협력해 달라고 졸라대는 것이었다. 그러자 석작은 진나라의 도움을 얻는 것이 좋겠다고 권고하여 주우와 후는 진나라로 떠나가게 되었다. 석작은 곧 진나라에 밀사를 보내 위나라의 왕위를 찬탈한 반역자들을 불문곡직하고 처형케 해달라고 권고하였다. 이리하여 주우와 후는 진나라 서울에 도착하자마자 체포되어 위나라의 책임자가 입회한 가운데 처형되고 말았다.

來	賓	祝	辭	耐	熱	材	料
올 래	손 빈	하례할축	말 사	견딜 내	더울 열	재목 재	감료
人―6획	貝―7획	示―5획	辛―12획	而―3획	火―11획	木―3획	斗―6획

冷	凍	食	品	大	義	滅	親
찰 랭	얼 동	먹을 식	물품 품	큰 대	옳을 의	멸할 멸	어버이친
冫―5획	冫―8획	食―0획	口―6획	大―0획	羊―7획	水―10획	見―9획

▷ 반대·상대의 뜻을 가진 한자

添(더할 첨)↔削(깎을 삭)　　尖(뾰족할 첨)↔丸(둥글 환)　　淸(맑을 청)↔濁(흐릴 탁)
忠(충성 충)↔奸(간사할 간)　　取(취할 취)↔捨(버릴 사)　　統(합칠 통)↔分(나눌 분)

努	力	傾	注	路	柳	牆	花	奴	婢	放	良
힘쓸 노	힘 력	기울 경	흐를 주	길 로	버들 류	담 장	꽃 화	사내종 노	계집종 비	놓을 방	어질 량
力—5획	力—0획	人—11획	水—5획	足—6획	木—5획	爿—13획	艸—4획	女—2획	女—8획	攵—4획	艮—1획

勞	使	協	調	老	僧	尋	寺	鹿	死	誰	手
일할 로	부릴 사	화합할 협	고를 조	늙을 로	중 승	찾을 심	절 사	사슴 록	죽을 사	누구 수	손 수
力—10획	人—6획	十—6획	言—8획	老—0획	人—12획	寸—9획	寸—3획	鹿—0획	歹—2획	言—8획	手—0획

▶ 子曰「性相近也나 習相遠也니라」
공자께서 말씀하시기를 「사람의 천성은 서로 가까운 것이나 습관에 따라 서로 멀어지느니라」 『論語』

해석

- **努力傾注** : 뜻한 바를 이루기 위하여 힘을 오로지 한곳으로 기울임.
- **路柳牆花** : 누구든지 꺾을 수 있는 길가의 버들과 담 밑의 꽃이라는 뜻으로, 곧 창녀를 가리키는 말.
- **奴婢放良** : 모든 종을 놓아주어 착한 백성이 되게 함.
- **勞使協調** : 근로자와 사용자가 서로 협조함.
- **老僧尋寺** : 늙은 중이 절을 찾음.
- **鹿死誰手** : 세력이 막강하여 승패를 못가린다는 말.
- **綠陰芳草** : 우거진 나무그늘과 꽃다운 풀이라는 뜻으로, 여름을 가리킴.
- **弄巧成拙** : 기교를 지나치게 부리려다가 오히려 졸작을 만듦.
- **弄瓦之慶** : 딸을 낳은 즐거움.

綠陰芳草 弄巧成拙

綠	陰	芳	草	弄	巧	成	拙
초록빛록	그늘음	꽃다울방	풀초	희롱할롱	교묘할교	이룰성	못날졸
糸—8획	阜—8획	艹—4획	艹—6획	廾—4획	工—2획	戈—3획	手—5획

弄瓦之慶 塗炭之苦

弄	瓦	之	慶	塗	炭	之	苦
희롱할롱	기와와	어조사지	경사경	진흙도	숯탄	어조사지	괴로울고
廾—4획	瓦—0획	丿—3획	心—11획	土—10획	火—5획	丿—3획	艹—5획

고사유래

塗炭之苦 : 쓰라림을 당하는 백성의 고생을 뜻하는 말이다. 요염한 미녀 매희의 품안에서 주지육림의 세월을 보내온 하나라의 걸왕과 은나라의 주왕은 도리를 그르치고 나라를 멸망케 한 제왕으로서 걸주라는 이름으로 불릴 만큼 중국 사상 대표적인 폭군이다. 하왕조 최후의 천자인 걸왕의 폭정에 군사를 일으켜서 무력혁명을 감행, 걸왕의 대군을 명조산에서 격파한 다음 걸왕을 쫓아 버리고 천자의 자리를 차지한 인물이 은나라 탕왕이다. 이 탕왕이 반란을 일으킬 때 수만 군중을 앞에 놓고 이른바 출진의 서약을 선언한 말 가운데 「백성은 도탄에 빠졌다.」는 유명한 말이 있다. 흙탕물과 숯불에 빠지는 참혹한 백성들의 고통을 이르는 말이다.

▷ 반대·상대의 뜻을 가진 한자

豊(풍성할 풍)↔凶(흉년들 흉)   彼(저 피)↔此(이 차)   寒(찰 한)↔暖(따뜻할 난)
虛(빌 허)↔實(찰 실)   賢(어질 현)↔愚(어리석을우)   狹(좁을 협)↔廣(넓을 광)

濃	紅	銀	鑛	屢	代	奉	祀	檀	君	始	祖
짙을 농	붉을 홍	은 은	쇳돌 광	여러 루	대 대	받들 봉	제사 사	박달나무단	임금 군	처음 시	시조 조
水—13획	糸—3획	金—6획	金—15획	尸—11획	人—3획	大—5획	示—3획	木—13획	口—4획	女—5획	示—5획

團	體	競	技	斷	篇	殘	簡	但	恨	無	朋
모임 단	몸 체	다툴 경	재주 기	끊을 단	책 편	남을 잔	편지 간	다만 단	한할 한	없을 무	벗 붕
口—11획	骨—13획	立—15획	手—4획	斤—14획	竹—9획	歹—8획	竹—12획	人—5획	心—6획	火—8획	月—4획

▶ 子曰「父母之年은 不可不知也니 一則以喜요 一則以懼니라」
공자께서 말씀하시기를「부모의 연세는 꼭 알고 있어야 하나니, 한편으로는 기쁘고, 한편으로는 두렵기 때문이니라」『論語』

해 석

淡水漁業 : 육수성(陸水性) 수족(水族)을 잡는 어업.

糖料植物 : 설탕의 원료가 되는 식물의 총칭.

唐宋八家 : 중국 당나라와 송나라 시대의 여덟 명의 문장 대가.(한유·유종원·구양수·왕안석·증공·소순·소식·소철)

濃紅銀鑛 : 은(銀)의 중요한 광석 광물.

屢代奉祀 : 여러 대의 신주의 제사를 받드는 일.

檀君始祖 : 우리 겨레의 시조로 받드는 태초의 임금인 단군을 일컬음.

團體競技 : 여러 사람이 한 팀을 이루어 싸우는 경기.(축구·농구 등)

斷篇殘簡 : 떨어지고 빠지고 하여서 완전하지 못한 글월.

但恨無朋 : 다만 벗이 없음을 한탄함.

고사유래

馬耳東風 : 남의 비평이나 의견에 무관심하여 듣지 않음을 일컫는 말로, 이태백의 시의 한 귀절이다. 이태백은 자기들이 어떠한 걸작품을 내놓아도 세상의 속물들은 도무지 그것을 인정하지 않는다고 비분강개하여 읊었다. 「요새 세상은 닭싸움의 기술이 능한 자가 임금에게 귀여움을 받아 큰길을 활개치며 돌아다니거나, 오랑캐의 침입을 막아서 서푼어치 전공이나 세운 인간이 최고의 충신인 양 으스대는 세상이다. 자네나 나나 그러한 인간들의 흉내를 낼 수는 없잖은가? 우리는 차라리 북창에 기대어 시를 읊고 노래나 지으세. 그러나 우리의 작품이 아무리 훌륭하고 천만 마디에 달하는 걸작이라 하더라도 지금 세상에서는 한 잔의 맹물만큼도 값어치가 없네. 세상 사람은 이것을 듣고도 고개를 휘젓고 동풍이 마이를 스치는 것과 다름없네.」

한자 쓰기

| 淡 (싱거울 담, 水-8획) | 水 (물 수, 水-0획) | 漁 (고기잡을 어, 水-11획) | 業 (업 업, 木-9획) | 糖 (사탕 당, 米-10획) | 料 (감료, 斗-6획) | 植 (심을 식, 木-8획) | 物 (물건 물, 牛-4획) |

| 唐 (당나라 당, 口-7획) | 宋 (송나라 송, 宀-4획) | 八 (여덟 팔, 八-0획) | 家 (집 가, 宀-7획) | 馬 (말 마, 馬-0획) | 耳 (귀 이, 耳-0획) | 東 (동녘 동, 木-4획) | 風 (바람 풍, 風-0획) |

▷ 반대·상대의 뜻을 가진 한자

好(좋을 호)↔惡(미워할 오)   禍(재앙 화)↔福(복 복)   擴(늘릴 확)↔縮(줄 축)

厚(두터울 후)↔薄(엷을 박)   黑(검을 흑)↔白(흰 백)   興(일어날 흥)↔亡(망할 망)

大	公	無	私	大	悟	覺	醒	大	韓	健	兒
클 대	공 공	없을 무	개인 사	클 대	깨달을 오	깨달을 각	깨달을 성	클 대	나라이름 한	굳셀 건	아이 아
大—0획	八—2획	火—8획	禾—2획	大—0획	心—7획	見—13획	酉—9획	大—0획	韋—8획	人—9획	儿—6획

逃	遁	不	得	跳	踉	放	恣	渡	洋	作	戰
달아날 도	숨을 둔	아닐 부	얻을 득	뛸 도	허둥지둥 랑	놓을 방	방자할 자	건널 도	큰바다 양	지을 작	싸움 전
辵—6획	辵—9획	一—3획	彳—8획	足—6획	足—7획	攵—4획	心—6획	水—9획	水—6획	人—5획	戈—12획

▶ 子曰「君子는 病無能焉이오 不病人之不己知也니라」
공자께서 말씀하시기를「군자는 자신의 능력 없음을 근심할 뿐, 남이 나를 알아주지 않음을 걱정하지 않느니라」『論語』

해 석

大公無私: 조금도 사욕이 없이 아주 공평하고 지극히 바르다는 뜻.
大悟覺醒: 자기의 잘못을 크게 깨달음.
大韓健兒: 우리나라의 굳센 젊은 사나이.
逃遁不得: 몰래 숨어서 도망할 수 없음.
跳踉放恣: 너무 똑똑하게 굴어서 아무 거리낌이 없는 모양.
渡洋作戰: 바다를 건너가서 싸움을 함.
倒載干戈: 전쟁 무기를 뒤쪽으로 향하게 하여 수레에 싣는다는 뜻으로, 전쟁을 그만둠을 이름.
到着聲明: 목적한 곳에 이르러 어떤 문제를 공식적으로 밝힘.
塗聽塗說: 길거리에서 듣고 그것을 다시 길거리에서 다른 사람에게 옮긴다는 말로, 길거리에 퍼져 돌아다니는 뜬소문을 뜻함.(=街談巷說)

고사유래

孟母三遷: 맹자의 어머니가 자식의 교육을 위해 세 번이나 이사했다는 말로서, 자녀교육은 환경이 중요하다는 것을 뜻한다. 전국시대 유교의 창시자 공자 다음가는 성인 맹자는 어릴 때 아버지를 여의고 홀어머니 슬하에서 자랐다. 처음에 묘지 부근에서 살았는데 맹자가 장례 흉내를 내고 놀자 이것을 본 맹자 어머니는 곧 시장 가까운 곳으로 이사했다. 그런데 이번에는 아들이 장사치들의 흉내만을 내었다. 맹자의 교육상 살 곳이 못된다고 생각한 맹자 어머니는 서당 부근으로 이사를 했다. 그랬더니 이번에는 제사 지내는 흉내를 내거나 학동들의 글공부를 어깨너머로 배우는 것이었다. 맹자 어머니는 이곳이야말로 자기 아들을 두는 데 꼭 어울리는 곳이라고 하며 기뻐하였다.

▷ 둘 이상의 음을 내는 한자

更 { 다시 갱 更新(갱신) / 고칠 경 變更(변경) }
車 { 수레 거 車馬(거마) / 수레 차 車票(차표) }
見 { 볼 견 見聞(견문) / 드러날 현 謁見(알현) }

豚	舍	增	築	同	價	紅	裳	動	脈	硬	化
돼지 돈	집 사	더할 증	지을 축	한가지동	값 가	붉을 홍	치마 상	움직일동	맥 맥	굳을 경	될 화
豕—4획	舌—2획	土—12획	竹—10획	口—3획	人—13획	糸—3획	衣—8획	力—9획	肉—6획	石—7획	匕—2획

同	病	相	憐	東	奔	西	走	銅	版	印	刷
한가지동	병 병	서로 상	가련할련	동녘 동	분주할분	서녘 서	달릴 주	구리 동	판목 판	찍을 인	박을 쇄
口—3획	疒—5획	目—4획	心—12획	木—4획	大—5획	襾—0획	走—0획	金—6획	片—4획	卩—4획	刀—6획

▶ 子曰「人之生也는 直이니 罔之生也는 幸而免이니라」
공자께서 말씀하시기를「사람이 살아감이란 곧은 법이니, 곧지 않으면서도 살아가고 있음은 요행히 천벌을 면하고 있는 것일 뿐이니라」『論語』

해 석

豚舍增築 : 돼지 우리를 더 늘려 지음.

同價紅裳 : 같은 값이면 다홍치마. 이왕이면 좋은 것을 택한다는 뜻.

動脈硬化 : 동맥의 벽이 두꺼워져 굳어지는 일.

同病相憐 : 같은 병으로 고생하는 사람은 서로 동정하고 위로한다는 말로서, 처지가 서로 비슷한 사람끼리 서로 동정한다는 뜻.

東奔西走 : 사방으로 이리저리 바삐 돌아다님.

銅版印刷 : 구리로 만든 판 위에 새긴 글자나 그림을 종이에 찍어내는 일.

東漂西浪 : 정처없이 이리저리 떠돌아 다님.

童話脚色 : 동화를 무대 상연이나 영화 촬영을 위하여 고쳐 씀.

頭腦啓發 : 사물을 판단하는 힘인 머리를 열어 깨우쳐 줌.

고사유래

明鏡止水 : 맑은 거울과 멈춰 있는 물이라는 뜻으로서, 마음이 맑고 조용하다는 의미이다. 『장자』에 나오는 말로 이런 이야기가 적혀 있다. 노나라에 왕태라는 덕망이 높은 사람이 있었지만 지체가 부자유했다. 그러나 그의 학문과 덕을 따라 그에게 배우고자 사람들이 몰려들어 그 수가 공자의 제자들만큼이나 많았다. 이때 공자의 제자 중 상계라는 사람이 얼마간의 불만과 질투심으로, 「왕태는 어째서 사람들로부터 존경받는 것입니까?」 하고 물었다. 공자가 이렇게 대답했다. 「그것은 마음이 조용한 까닭이다. 사람들이 거울 대신에 자기 모습을 비춰보는 물은 흐르는 것이 아니라 정지된 물이니라.」 즉, 마음이 맑고 잔잔하면 사람들이 그를 따르는 법이라고 하였다.

東	漂	西	浪	童	話	脚	色
동녘 동	떠돌 표	서녘 서	표랑할랑	아이 동	이야기화	다리 각	빛 색
木-4획	水-11획	西-0획	水-7획	立-7획	言-6획	肉-7획	色-0획

頭	腦	啓	發	明	鏡	止	水
머리 두	뇌 뇌	열 계	일으킬발	밝을 명	거울 경	그칠 지	물 수
頁-7획	肉-9획	口-8획	癶-7획	日-4획	金-11획	止-0획	水-0획

▷ 둘 이상의 음을 내는 한자

度 { 법도 도 制度(제도)
　　 헤아릴 탁 度地(탁지)

讀 { 읽을 독 讀書(독서)
　　 구절 두 句讀(구두)

洞 { 마을 동 洞里(동리)
　　 꿰뚫을 통 洞達(통달)

斗	升	之	祿	豆	太	粟	米	鈍	筆	勝	聰
말 두	되 승	어조사지	녹 록	팥 두	콩 태	조 속	쌀 미	둔할둔	붓 필	이길 승	귀밝을총
斗—0획	十—2획	ノ—3획	示—8획	豆—0획	大—1획	米—6획	米—0획	金—4획	竹—6획	力—10획	耳—11획

幕	後	交	涉	滿	目	荒	涼	末	大	必	折
장막 막	뒤 후	사귈 교	관계할섭	찰 만	눈 목	거칠 황	서늘할랑	끝 말	클 대	반드시필	꺾을 절
巾—11획	彳—6획	亠—4획	水—7획	水—11획	目—0획	艸—6획	水—8획	木—1획	大—0획	心—1획	手—4획

▶ 子曰「見善如不及하고 見不善如探湯하라」
공자께서 말씀하시기를「선한 일을 보거든 따라가지 못할 것같이 하고, 악한 일을 보거든 끓는 물을 만진 것같이 하라」『論語』

해 석

- **斗升之祿** : 말이나 되로 받는 녹. 즉, 얼마 되지 않는 급료를 이르는 말.
- **豆太粟米** : 팥과 콩과 좁쌀.
- **鈍筆勝聰** : 글씨가 서투른 사람이 더 총명하다는 말.
- **幕後交涉** : 드러나지 않게 행해지는 교섭.
- **滿目荒涼** : 눈에 띄는 것마다 모두 거칠고 처량함.
- **末大必折** : 나무의 가지가 커지면 반드시 부러진다는 뜻으로, 변방의 힘이 세어지면 나라가 위태로워짐을 이르는 말.
- **末由也已** : 까닭이나 내력이 없음.
- **茫無頭緒** : 정신이 아득하여 하는 일이 두서없음.
- **忙中有閑** : 바쁜 중에도 또한 한가한 짬이 있음.

末由也已 茫無頭緒

末	由	也	已	茫	無	頭	緒
끝 말	까닭 유	어조사 야	따름 이	넓을 망	없을 무	머리 두	실마리 서
木—1획	田—0획	乙—2획	己—0획	艸—6획	火—8획	頁—7획	糸—9획

忙中有閑 目不識丁

忙	中	有	閑	目	不	識	丁
바쁠 망	가운데 중	있을 유	한가할 한	눈 목	아니 불	알 식	고무래 정
心—3획	丨—3획	月—2획	門—4획	目—0획	一—3획	言—12획	一—1획

고사유래

目不識丁 : 낫 놓고 기역자도 모른다는 말로, 매우 무식함을 뜻한다. 당나라 사람 장홍정은 부친인 장연상이 조정에 공적이 위대해 조상의 덕택으로 그의 벼슬길이 매우 순탄해 나중에는 동평장사란 재상까지 지냈다. 그러나 그는 본시 무능하고 극히 평범한 사람으로 지극히 오만불손하였다. 그가 노룡의 절도사로 파견되자 서울에서 향락만을 누렸던 터라 부하들과 어려운 군중 생활을 같이 하려들지 않았다. 날마다 가마나 타고 즐기고 군사들을 괴롭게 하는 등 교만하게 굴어 급기야 군사들의 불만과 반감을 사게 되었다. 이것을 전해 들은 그는 오히려 부하들을 욕하며 글자도 모르는 무식한 목불식정들만도 못하다며 여전히 업신여기는 것이었다. 부하들은 마침내 그가 유주로 순찰 나갔을 때 반란을 일으켰고 조정에서는 그의 직무를 박탈하고 강등시켰다.

▷ 둘 이상의 음을 내는 한자

率 (비율 률 / 거느릴 솔) 能率(능률) 統率(통솔)

反 (돌이킬 반 / 뒤집을 번) 反亂(반란) 反畓(번답)

復 (회복할 복 / 다시 부) 回復(회복) 復活(부활)

媒	介	手	段	梅	蘭	菊	竹	買	死	馬	骨
중매 매	끼일 개	손 수	수단 단	매화 매	난초 란	국화 국	대 죽	살 매	죽을 사	말 마	뼈 골
女―9획	人―2획	手―0획	殳―5획	木―7획	艸―17획	艸―8획	竹―0획	貝―5획	歹―2획	馬―0획	骨―0획

每	事	亨	通	賣	鹽	逢	雨	梅	酸	止	渴
매양 매	일 사	형통할형	통할 통	팔 매	소금 염	만날 봉	비 우	매화 매	실 산	그칠 지	목마를갈
母―2획	亅―7획	亠―5획	辶―7획	貝―8획	鹵―13획	辶―7획	雨―0획	木―7획	酉―7획	止―0획	水―9획

▶ 子曰「歲寒然後에 知松柏之後彫也니라」
　공자께서 말씀하시기를「날씨가 추워진 뒤에라야 소나무와 전나무가 더디 시들음을 아느니라」『論語』

해 석

媒介手段: 양쪽의 관계를 맺어주는 재주와 솜씨.
梅蘭菊竹: 매화·난초·국화·대나무.
買死馬骨: 죽은 말의 뼈를 산다는 뜻으로, 소용없는 것을 기린다는 말.
每事亨通: 모든 일이 자기 마음먹은 대로 다 잘됨.
賣鹽逢雨: 일에 마(魔)가 끼었음을 일컫는 말.
梅酸止渴: 중국 위나라의 조조가 인심의 기미를 살펴 군인들에게 가는 길에 매화나무 숲이 있다고 하여 갈증을 풀게 하였다는 말.
麥秀之嘆: 고국의 멸망을 한탄함.
盲龜遇木: 눈이 먼 거북이 우연히 물에 뜬 나무를 잡는다는 뜻으로, 뜻 밖의 행운이 돌아옴을 비유.
盲人摸象: 사물의 일부만을 알고 함부로 결론을 내리는 좁은 견해.

고사유래 **武陵桃源**: 속세를 떠난 유토피아, 별천지를 말하며, 도연명의 『도화원기』에 나온다. 진나라의 무릉에 사는 한 어부가 고기를 잡고자 조그마한 거룻배를 타고 한 지류를 저어서 올라갔다. 그런데 어디서 길을 잘못 들었는지 전혀 보지 못한 복숭아 꽃밭에 이르렀다. 다시 배를 저어가니 작은 동굴이 있었고 그 곳을 지나니 그림처럼 아름다운 농촌이 보였다. 사람들은 이 어부를 보자 크게 환영하며 잔치를 베풀었다. 그들은 수백년 전 진시황 때 전란과 학정을 피해 이곳으로 도피한 사람들의 자손이라 했다. 극진한 환대 속에 며칠이 꿈처럼 지나 집으로 돌아가려고 하자 많은 선물을 주며 이와 같은 무릉도원의 별천지가 있다는 사실을 절대 발설하지 말라고 하였다. 그러나 어부는 결국 발설했고 이 말이 태수에게 들어가 그곳을 찾아보았으나 끝내 찾지 못했다.

▷ 둘 이상의 음을 내는 한자

否 { 아닐 부   否認(부인)
    막힐 비   否塞(비색)

北 { 북녘 북   北方(북방)
    패배할 배   敗北(패배)

分 { 나눌 분   分配(분배)
    단위 푼   分錢(푼전)

猛	虎	伏	草	綿	絲	紡	績	免	許	停	止
사나울맹	범 호	엎드릴복	풀 초	솜 면	실 사	실 방	자을 적	허락할면	허락할허	머무를정	그칠 지
犬—8획	虍—2획	人—4획	艸—6획	糸—8획	糸—6획	糸—4획	糸—11획	儿—5획	言—4획	人—9획	止—0획

冥	福	祈	願	名	詩	朗	誦	銘	心	不	忘
저승 명	복 복	빌 기	원할원	이름 명	시 시	밝을랑	읽을송	새길명	마음심	아니 불	잊을 망
冖—8획	示—9획	示—4획	頁—10획	口—3획	言—6획	月—7획	言—7획	金—6획	心—0획	一—3획	心—3획

▶ 子曰「古者에 言之不出은 恥躬之不逮也니라」
공자께서 말씀하시기를 「옛사람들이 말을 잘 하지 않았음은 행함이 미치지 못함을 부끄러이 여겼기 때문이니라」 『論語』

해석

猛虎伏草 : 영웅이 때를 기다려 한때 숨어 지내는 것을 비유하는 말.

綿絲紡績 : 목화의 섬유로 실을 만듦.

免許停止 : 위반 행위로 인해 일시적으로 면허가 정지되는 일.

冥福祈願 : 저승의 복, 즉 죽은 뒤의 복을 빌고 바람.

名詩朗誦 : 유명한 시를 소리내어 읽음.

銘心不忘 : 마음속에 새겨 두고 오래 잊지 아니함.

名譽毀損 : 남의 체면을 손상하게 하고 그 명예를 더럽힘.

命在頃刻 : 거의 죽게 되어 숨이 곧 넘어갈 지경에 이름.

募金運動 : 기부금을 모집하기 위한 활동을 함.

고사유래

門前成市 : 권세를 드날리거나 부자가 되어 집 문 앞이 방문객으로 저자를 이루다시피한다는 말이다. 후한의 애제는 정치에 거의 관심이 없고 향락에만 정신을 쏟았다. 보다못한 문중의 충신 정승의 애제를 배알할 때마다 간하곤 하였다. 처음에는 얼마간 그의 말을 듣고 약간 자제·자숙하였지만 며칠만 지나면 다시 방탕생활에 빠졌다. 그리고 나중에는 아예 정승의 궁중 출입조차 제지시키고 말았다. 그러자 정승을 미워하던 간신배가 정승이 반역음모를 꾸미고 있는 듯이, 그를 모략·참소했다. 그래서 애제가 하루는 그를 불러들여 물어보았다. 「공의 대문은 시정잡배들로 장을 이룬다는데 사실이오?」「신의 대문은 아첨하는 무리로 문전성시를 이루긴 합니다만 신의 마음만은 물처럼 깨끗하옵니다.」 그러나 애제는 이 말을 믿지 않고 정승을 옥에 가두고, 그는 끝내 옥사하고 말았다.

▷ 둘 이상의 음을 내는 한자

不 { 아니 불 不告(불길)
    { 아닐 부 不當(부당)

寺 { 절 사 寺院(사원)
    { 내시 시 寺人(시인)

殺 { 죽일 살 殺生(살생)
    { 감할 쇄 相殺(상쇄)

某	某	諸	人	模	倣	遊	戲	毛	遂	自	薦
아무 모	아무 모	모든 제	사람 인	본뜰 모	본받을 방	놀 유	희롱할 희	털 모	이룰 수	스스로 자	천거할 천
木―5획	木―5획	言―9획	人―0획	木―11획	人―8획	辶―9획	戈―13획	毛―0획	辶―9획	自―0획	艹―13획

矛	盾	撞	着	貌	樣	端	雅	牧	童	吹	笛
창 모	방패 순	부딪칠 당	붙을 착	모양 모	모양 양	바를 단	아담할 아	목동 목	아이 동	불 취	피리 적
矛―0획	目―4획	手―12획	目―6획	豸―7획	木―11획	立―9획	隹―4획	牛―4획	立―7획	口―4획	竹―5획

▶ 子曰「君子는 泰而不驕하고 小人은 驕而不泰니라」
공자께서 말씀하시기를「군자는 태연하되 교만하지 않고, 소인은 교만하되 태연하지 못하니라」『論語』

해석

某某諸人 : 아무아무 사람들.
模倣遊戲 : 주위의 생활을 모방하여 활동함을 즐기는 유희의 하나.(소꿉장난·학교놀이 등)
毛遂自薦 : 자기가 자기를 추천하는 일.
矛盾撞着 : 같은 이의 문장·언행이 앞뒤가 어긋나 모순됨.(＝自家撞着)
貌樣端雅 : 맵시나 차림새가 바르고 조촐함.
牧童吹笛 : 가축을 치는 아이가 피리를 붊.
沐浴齋戒 : 목욕하고 마음을 가다듬어 부정을 피함.
木人石心 : 나무로 만든 사람에 돌로 만든 마음이라는 뜻으로, 의지가 굳어 어떤 유혹에도 마음이 흔들리지 않는다는 말.
目標指摘 : 표적을 꼭 집어서 가리킴.

고사유래 **半途而廢** : 일을 하다가 중도에서 그만둔다는 말이다. 동한시대 하남 지방에 낙양자라는 사람이 있었다. 그에게는 아주 총명하고 어진 아내가 있었는데, 어느 날 그가 귀가길에 한 꾸러미의 돈을 주워 가지고 왔다. 이를 본 아내가 묻자 그는 길에서 주운 것이라고 서슴지 않고 대답했다. 그러자 아내는 그를 꾸짖었고, 아내의 깨우침을 들은 낙양자는 부끄러워 도로 제자리에 갖다놓았다. 후에 낙양자가 먼 곳으로 스승을 찾아가 공부를 하다 일 년 만에 돌아오자 베를 짜고 있던 그의 아내는 가위로 베를 잘라 버리며, 「힘들게 짠 베가 무효가 되었고 그간에 들인 노력이 헛된 것이 되었듯이 공부도 매일매일 끊임없이 해야 성취되는 것이니 중도에 그만둔다면 짜놓은 베를 잘라버리는 것과 같다.」고 말했다. 그는 크게 깨달아 다시 집을 떠나 글을 배운 지 칠 년 만에 돌아왔다.

沐	浴	齋	戒	木	人	石	心
머리감을목	목욕할욕	재계 재	경계할계	나무 목	사람 인	돌 석	마음 심
水—4획	水—7획	齊—3획	戈—3획	木—0획	人—0획	石—0획	心—0획

目	標	指	摘	半	途	而	廢
눈 목	표할 표	가리킬지	들출 적	반 반	길 도	말이을이	폐할 폐
目—0획	木—11획	手—6획	手—11획	十—3획	辶—7획	而—0획	广—12획

▷ 둘 이상의 음을 내는 한자

狀 { 모양 상 形狀(형상)
　　　문서 장 賞狀(상장)

塞 { 변방 새 要塞(요새)
　　　막을 색 塞源(색원)

索 { 찾을 색 搜索(수색)
　　　쓸쓸할 삭 索莫(삭막)

墓	丘	盜	賊	妙	技	百	出	苗	木	管	理
무덤 묘	언덕 구	도둑 도	도둑 적	묘할 묘	재주 기	일백 백	나갈 출	싹 묘	나무 목	주관할 관	다스릴 리
土—11획	一—4획	皿—7획	貝—6획	女—4획	手—4획	白—1획	山—3획	艸—5획	木—0획	竹—8획	王—7획

舞	臺	藝	術	無	賴	徒	輩	無	不	云	謂
춤출 무	대 대	재주 예	재주 술	없을 무	의지할 뢰	무리 도	무리 배	없을 무	아니 불	이를 운	이를 위
舛—8획	至—8획	艸—15획	行—5획	火—8획	貝—9획	彳—7획	車—8획	火—8획	一—3획	二—2획	言—9획

▶ 子曰「其身正이면 不令而行하고 其身不正이면 雖令不從이니라」
공자께서 말씀하시기를「자기 몸이 바르면 명령하지 않아도 다스려지고, 자기 몸이 바르지 못하면 비록 명령할지라도 복종하지 않느니라」『論語』

해석

- **墓丘盜賊**: 무덤을 파헤치고 그 속의 물건을 훔쳐 가는 절도.
- **妙技百出**: 교묘한 기술과 재주가 여러 가지 모양으로 나옴.
- **苗木管理**: 옮겨 심는 어린 나무를 잘 기르고 돌봄.
- **舞臺藝術**: 무대 위에서 연출되는 예술, 특히 연극을 이름.
- **無賴徒輩**: 일정한 직업 없이 불량한 짓을 하는 무리.
- **無不云謂**: 이르지 아니함이 없음. 즉, 죄다 말하였다는 뜻.
- **貿易振興**: 무역을 떨쳐 일으킴.
- **戊午士禍**: 조선 연산군 때 훈구파가 사림파에 대해 일으킨 사화.
- **無依無托**: 의지하고 의탁할 곳이 없음.

고사유래

班門弄斧: 실력도 없으면서 잘난 척한다는 뜻이다. 춘추시대 노나라에 공수반이라는 한 목수가 있었는데 기술이 뛰어나 인기가 대단하였다. 노나라 사람이므로 어떤 사람은 노반이라 불렀다. 그 당시 젊은 목수가 하나 있었는데 어느 날 노반의 집 앞에 나타나 큰소리를 치며 사람들에게 자신의 수공예품을 자랑했다. 그는 자화자찬하면서 도끼를 꺼내 현장에서 솜씨를 보이기도 하는 것이었다. 구경하던 한 사람이 냉소를 띠며 등 뒤의 집이 노반의 집이라며 한번 들어가 보라는 것이었다. 청년 목수는 집안으로 들어가 구경을 한 뒤 노반의 기교에 대해 탄복한 나머지 머리를 떨구었다. 자기보다 더 훌륭한 솜씨에 의해서 만들어진 작품인지라 그는 자기로서는 도저히 따라갈 수 없음에 부끄러움을 감추지 못하고 자기의 기구를 챙겨 말없이 자리를 뜨고 말았다.

▷ 둘 이상의 음을 내는 한자

省 { 살필 성 — 反省(반성)
     덜 생 — 省略(생략)

屬 { 무리 속 — 所屬(소속)
     붙을 촉 — 屬望(촉망)

拾 { 주울 습 — 拾得(습득)
     열 십 — 拾萬(십만)

刎	頸	之	交	問	卜	吉	凶	文	章	三	易
목벨문	목 경	어조사지	사귈 교	물을 문	점 복	길할 길	흉할 흉	글월 문	글 장	석 삼	쉬울 이
刀—4획	頁—7획	ノ—3획	亠—4획	口—8획	卜—0획	口—3획	凵—2획	文—0회	立—6획	一—2획	日—4획

勿	忘	在	莒	勿	失	好	機	米	穀	倉	庫
말 물	잊을 망	있을 재	나라이름거	말 물	잃을 실	좋을 호	기틀 기	쌀 미	곡식 곡	곳집 창	곳집 고
勹—2획	心—3획	土—3획	艸—7획	勹—2획	大—2획	女—3획	木—12획	米—0획	禾—10획	人—8획	广—7획

▶ 子曰「見賢思齊焉하며 見不賢而內自省也니라」
공자께서 말씀하시기를「어진 사람을 보거든 그와 같아지기를 생각하고, 어질지 못한 사람을 보거든 자신에 비추어 스스로 반성해야 하느니라」『論語』

未來指向 美辭麗句

未來	指向	美辭	麗句
미래 미 · 올 래	가리킬 지 · 향할 향	아름다울 미 · 말 사	고울 려 · 구절 구
木—1획 · 人—6획	手—6획 · 口—3획	羊—3획 · 辛—12획	鹿—8획 · 口—2획

迷信打破 百年河淸

迷信	打破	百年	河淸
미혹할 미 · 믿을 신	칠 타 · 깨뜨릴 파	일백 백 · 해 년	물 하 · 맑을 청
辶—6획 · 人—7획	手—2획 · 石—5획	白—1획 · 干—3획	水—5획 · 水—8획

해 석

- **刎頸之交** : 생사를 같이 할 만큼 친한 사귐. 또는 그러한 벗을 뜻하는 말.(=刎頸之友)
- **問卜吉凶** : 점을 쳐 길흉을 물음.
- **文章三易** : 문장이 마땅히 갖추어야 할 세 가지 요건. 즉, 보기 쉽게, 알기 쉽게, 읽기 쉽게 하라는 말.
- **勿忘在莒** : 부귀영달을 누릴 때일수록 교만하지 말고 과거에 고난을 겪던 일을 잊지 말아야 한다는 말.
- **勿失好機** : 좋은 기회를 놓치지 않음.
- **米穀倉庫** : 곡식을 보관하기 위한 건물.
- **未來指向** : 미래를 구상하고 계획하고 디자인하는 적극적인 자세를 이름.
- **美辭麗句** : 아름답게 꾸민 말과 글귀. 아름다운 문구.
- **迷信打破** : 저급한 민속 신앙을 깨뜨려 버림.

고사유래

百年河淸 : 항상 누렇게 흐린 황하의 물이 깨끗이 맑아지는 것을 기다린다는 것으로 믿을 수 없는 일을 기다린다는 뜻이다. 춘추시대 정나라는 강국인 진과 초의 중간에서 독립을 유지하느라 무척 애를 썼다. 그런데 가만히 있었으면 좋았을 터에 장관인 자국 같은 사람들이 왕을 충동질하여 하필이면 초나라의 속국인 채나라를 치게 했다. 그러니 초가 가만히 있을 리가 없었다. 대로한 초왕은 군대를 출동시켜 정나라를 토벌케 했다. 승부는 뻔했다. 자국 등은 하는 수 없이 초나라 군문에 이르러 항복할 것을 주장하며 반대자를 이렇게 설득하였다. 「주시에 황하의 탁류가 맑아지는 것을 기다린들 인간의 수명이란 짧아서 그때까지 못기다린다고 했다. 이것 저것 논해 봤자 아무것도 되지 않을 것이다.」 이리하여 정은 초에 항복하기로 결정했던 것이다.

▷ 둘 이상의 음을 내는 한자

食 { 먹을 식   食事(식사)
    { 밥   사   簞食(단사)

識 { 알   식   知識(지식)
    { 기록할 지   標識(표지)

什 { 열사람 십   什長(십장)
    { 세간   집   什器(집기)

未	知	孰	是	美	風	良	俗	蜜	月	旅	行
아닐 미	알 지	누구 숙	옳을 시	아름다울 미	풍속 풍	좋을 량	풍속 속	꿀 밀	달 월	여행할 려	다닐 행
木―1획	矢―3획	子―8획	日―5획	羊―3획	風―0획	艮―1획	人―7획	虫―8획	月―0획	方―6획	行―0획

博	覽	強	記	拍	掌	大	笑	薄	酒	一	杯
넓을 박	볼 람	굳셀 강	적을 기	손뼉칠 박	손바닥 장	클 대	웃을 소	엷을 박	술 주	한 일	잔 배
十―10획	見―14획	弓―8획	言―3획	手―5획	手―8획	大―0획	竹―4획	艸―13획	酉―3획	一―0획	木―4획

▶ 子曰「躬自厚하며 而薄責於人이면 則遠怨矣니라」
공자께서 말씀하시기를「자기 스스로를 꾸짖기는 엄중하게 하고 남을 책망하기는 가볍게 하면, 원망은 멀어지느니라」『論語』

해석

- 未知孰是 : 누가 옳은지 모름.
- 美風良俗 : 아름답고 좋은 풍속.
- 蜜月旅行 : 결혼 초의 달콤한 여행, 즉 신혼 여행.
- 博覽強記 : 동서고금의 책을 널리 읽고 사물을 잘 기억함.
- 拍掌大笑 : 손뼉을 치며 크게 웃음.
- 薄酒一杯 : 맛없는 술 한잔, 즉 자기의 술 한잔을 겸손하여 이르는 말.
- 盤溪曲徑 : 일을 순리대로 하지 않고 억지로 함.
- 返還訴訟 : 도로 돌려받기 위해 재판을 걺.
- 發芽時期 : 싹이나 순이 트는 시기.

盤	溪	曲	徑	返	還	訴	訟
돌릴 반	시내 계	굽을 곡	지름길 경	돌이킬 반	돌아올 환	송사할 소	송사할 송
皿―10획	水―10획	日―2획	彳―7획	辶―4획	辶―13획	言―5획	言―4획

發	芽	時	期	百	發	百	中
필 발	싹 아	때 시	기간 기	일백 백	쏠 발	일백 백	가운데 중
癶―7획	艹―4획	日―6획	月―8획	白―1획	癶―7획	白―1획	丨―3획

고사유래

百發百中 : 쏘는 대로 꼭꼭 맞는다는 말이다. 전국시대 초나라에 양유기라는 활 잘 쏘는 사람이 있었다. 백 보나 되는 먼 거리에서도 서너 푼밖에 안되는 조그만 버들잎들을 꼭꼭 쏘아 맞추곤 했다. 그리하여 주위 사람들이 그의 활 솜씨를 가리켜 백보천양, 또는 백발백중이란 말로 그의 아주 뛰어난 기예를 칭찬하였다. 이것은 『사기』에 기록된 고사로서 무슨 일을 할 때 절대적인 자신이 있거나 어떤 일을 분석할 때 어떠어떠하게 발전해 갈 것이라는 예측대로 그 결과가 들어맞는 것을 칭찬해 일컫는 말이다.

▷ 둘 이상의 음을 내는 한자

惡 { 악할 악 惡漢(악한)
    { 미워할 오 嫌惡(혐오)

易 { 바꿀 역 貿易(무역)
    { 쉬울 이 容易(용이)

葉 { 잎 엽 落葉(낙엽)
    { 성 섭 葉氏(섭씨)

方	底	圓	蓋	防	患	未	然	倍	達	民	族
방위 방	밑 저	둥글 원	덮을 개	막을 방	근심 환	아닐 미	그럴 연	더할 배	이를 달	백성 민	겨레 족
方-0획	广-5획	□-10획	艸-10획	阜-4획	心-7획	木-1획	火-8획	人-8획	辵-9획	氏-1획	方-7획

背	水	之	陣	白	鷗	在	洲	伯	牙	絶	弦
등 배	물 수	어조사 지	진 진	흰 백	갈매기 구	있을 재	모래톱 주	맏 백	어금니 아	끊을 절	줄 현
月-5획	水-0획	丿-3획	阜-7획	白-0획	鳥-11획	土-3획	水-6획	人-5획	牙-0획	糸-6획	弓-5획

▶ 子曰「朝聞道면 夕死라도 可矣니라」
공자께서 말씀하시기를 「아침에 도리를 들어서 깨달으면, 저녁에 죽더라도 좋으니라」『論語』

해석

方底圓蓋 : 네모진 밑바닥에 둥근 뚜껑이란 뜻으로, 사물이 서로 맞지 않음을 일컫는 말.

防患未然 : 재화(災禍)를 당하기 전에 미리 막는다는 말.(=未然防止)

倍達民族 : 우리 민족을 역사상으로, 또는 예스럽게 이르는 말.

背水之陣 : 물을 등지고 적과 싸우는 진법(陣法)의 하나로서, 목숨을 걸고 싸우는 경우를 비유한 말.

白鷗在洲 : 갈매기가 물가에 있음.(白鷗는 갈매기의 한자어)

伯牙絕弦 : 백아가 친구의 죽음을 슬퍼해 거문고 줄을 끊었다는 고사로, 참다운 벗의 죽음을 이르는 말.

百折不屈 : 수없이 꺾어도 굽히지 않음.

伯仲叔季 : 네 형제의 차례.

百八煩惱 : 불교에서 말하는 108가지의 번뇌.

고사유래

百戰不殆 : 知彼知己百戰不殆. 적군과 아군의 실정을 잘 알고 비교 검토한 연후에 싸운다면 몇 번을 싸워도 절대로 지지 않는다는 말이다. 『손자』의 '용간편'에 있는 유명한 말로서 지금도 군사전략은 물론 경영전략에 널리 사용될 뿐만 아니라, 이처럼 상대방에 관한 정보를 알기 위해 국가간에는 스파이전이 치열하게 벌어지게 되었고 첩보인공위성이 발달하였으며 산업사회에서는 산업스파이가 나오게 되었다. '용간편'에는 이렇게 쓰여 있다. 「적을 알고, 나를 알면 백 번 싸워서 위태롭지 않고, 나를 알고 적을 모르고 싸우면 일승일패의 확률이 있으나, 적이나 나의 역량을 모르고 싸우면 매회 반드시 위태롭다.」

百折不屈 — 일백 백, 꺾을 절, 아니 불, 굽을 굴
伯仲叔季 — 맏 백, 버금 중, 셋째 동포숙, 끝 계

百八煩惱 — 일백 백, 여덟 팔, 번민할 번, 번뇌할 뇌
百戰不殆 — 일백 백, 싸움 전, 아니 불, 위태로울 태

▷ 둘 이상의 음을 내는 한자

咽 { 목구멍 인   咽喉(인후)
    목멜 열   嗚咽(오열)

炙 { 구울 자   膾炙(회자)
    고기구이 적 散炙(산적)

刺 { 찌를 자   刺客(자객)
    찌를 척   刺殺(척살)

부수로 배워보는 한자 3

병들어누울(녁)

갑골문 전 문

풀이) 人+爿. 爿(장)은 침대를 본뜬 것이다. 疒은 사람이 병들어 침대에 누워 있는 모습을 나타내며, 疒을 부수로 하여 병이나 이로 인한 고통, 아픈 상태 등을 나타내는 글자를 만든다.

[疾] 疒+矢
병(질)
矢(시)는 화살에 맞아 몸이 다친 상태이다. 疾은 일반적인 질병을 나타낸다. *질병(疾病).

[病] 疒+丙
병(병)
丙(병)은 다리가 내뻗친 모양으로 疒과 만나 병의 상태가 깊어지는 상태를 나타낸다. *병환(病患).

[痒] 疒+羊
가려울(양)
여기서 羊(양)은 몸이 붓는다는 뜻이다. *격화소양(隔靴搔痒).

뿔(각)

갑골문 전 문

풀이) 동물의 뿔 또는 모난 곳을 나타낸다. 부수로 쓰여 뿔로 만든 온갖 물건이나 동물이 뿔로 겨루듯이 경쟁한다는 뜻으로 쓰인다.

[解] 角+刀+牛
풀(해)
소(牛)의 뿔(角)을 칼(刀)로 풀어헤쳐 가른다는 말로, '어떤 일을 풀어서 해결한다, 자세히 풀이한다'의 뜻으로 쓰인다. *해결(解決).

[觸] 角+蜀
닿을(촉)
벌레끼리 싸울 때 촉각으로 서로를 범한다 하여 '닿다'라는 뜻이 되었다. *촉각(觸角).

[觚] 角+瓜
술잔(고)
瓜(과)는 호리병처럼 생긴 박으로, 觚는 호리병 모양의 뿔로 만든 술잔을 말한다. *고로(觚盧).

부수로 배워보는 한자 4

조개(패)

갑골문   전문

풀이 조개의 모양을 본뜬 글자로, 오랜 옛날에는 조개껍데기를 화폐 대신 사용하였다. 부수로 쓰일 때는 貝를 뜻부분으로 하여 금전, 재화 및 그것들에 관한 행위나 상태를 나타낸다.

[販] 貝＋反
팔(판)

反(반)은 돌려주다의 뜻이니, 돈(貝)을 받고 받은 만큼의 물건을 돌려준다는 말이다. *판매(販賣).

[貪] 今＋貝
탐낼(탐)

今(금)은 숨(머금을 함)이 생략된 형태이니, 재화(貝)를 갖고 싶어서 마음에 담는다는 뜻이다. *탐욕(貪慾).

[責] 主＋貝
꾸짖을(책)

음을 나타내는 主(주)는 원래 束(자)가 원형으로 가시돋힌 나무를 말한다. 가시처럼 아프게 '비난하다, 꾸짖다', 혹은 '금품을 강요하다'란 뜻이다. *질책(質責).

말씀(언)

갑골문   전문

풀이 辛＋口. 辛(신)은 문신을 할 때 쓰는 바늘이며, 입(口)은 맹세를 나타내는 문서이다. 맹세를 지키지 않으면 바늘로 찌르는 듯한 형벌을 받게 된다는 뜻이다. 言이 있는 글자는 입의 역할이나 말에 관계되는 뜻을 가지고 있다.

[計] 言＋十
셀(계)

十(십)은 숫자를 가리키며, 입으로 숫자를 센다는 뜻이다. *계산(計算).

[訥] 言＋內
말더듬을(눌)

內(내)는 식물이 땅속으로 들어가는 모습으로 말(言)이 겉으로 나오지 않고 안으로만 들어가므로, '말을 더듬다, 말주변이 없다'는 뜻으로 쓰인다. *訥辯(눌변).

[訴] 言＋斥
아뢸(소)

斥(척)은 물리치다의 뜻이므로 말로써 부당한 것을 물리치다란 뜻으로 쓰인다. *訴訟(소송).

飜	譯	文	學	番	號	順	序	汎	國	民	的
번역할번	번역할역	글월 문	학문 학	차례 번	차례 호	좇을 순	차례 서	넓을 범	나라 국	백성 민	의 적
飛—12획	言—13획	文—0획	子—13획	田—7획	虍—7획	頁—3획	广—4획	水—3획	囗—8획	氏—1획	白—3획

法	規	遵	守	竝	肩	前	進	屛	門	親	舊
법 법	법 규	좇을 준	지킬 수	나란히설병	어깨 견	앞 전	나아갈진	병풍 병	문 문	친할 친	예 구
水—5획	見—4획	辶—12획	宀—3획	立—5획	月—4획	刀—7획	辶—8획	尸—8획	門—0획	見—9획	臼—12획

▶ 子曰「衆이 惡之라도 必察焉하며 衆이 好之라도 必察焉이니라」
  공자께서 말씀하시기를「여러 사람이 미워할지라도 반드시 살펴보아야 하며, 여러 사람이 좋아할지라도 반드시 살펴보아야 하느니라」『論語』

해석

飜譯文學 : 외국의 문학 작품을 제 나라 말로 옮겨 따로 독특한 예술미가 있도록 한 문학.

番號順序 : 번호의 차례.

汎國民的 : 널리 국민 전체에 관계됨.

法規遵守 : 법률의 규정·규칙·규범을 그대로 좇아 지킴.

竝肩前進 : 어깨를 나란히해 앞으로 감.

屛門親舊 : 늘 길거리에 모여서 뜻별 이하는 막벌이꾼.

兵役忌避 : 도망하거나 숨거나, 짐짓 몸에 상처를 내어 병역을 피하는 일.

丙子胡亂 : 조선 인조 14년(1637) 병자년에 청나라가 침입한 난리.

補助符號 : 독해를 바르고 쉽게 하기 위해 붙이는 부호(. ·! ? 등)

고사유래

焚書坑儒 : 진나라 시황제가 정부를 비방하는 언론을 봉쇄하기 위하여 서적을 불사르고 선비를 생매장한 일을 말한다. 진나라 시황제는 이미 천하통일을 이루고 봉건제도를 폐지한 다음 처음으로 중앙집권의 대제국을 만들고 스스로 황제가 되어 그 제위를 자손 만대에 전하리라는 꿈을 품었다. 어느 날 문무백관을 한자리에 불러 의논하던 중 승상 이사의 권고에 따라 의약과 복술, 농경에 관한 글과 진나라의 기록을 제외한 모든 서적을 닥치는 대로 불살랐다. 후에 진시황은 노생과 후생이라는 요술쟁이 방사의 신선술에 빠졌다. 그러나 그들은 진시황을 이용할 대로 이용하고는 멀리 도망쳐 시황제를 악담하였고 이에 화가 난 시황제는 함양의 학자들은 더할 것이라는 생각에 내사를 하여 조정을 비난하는 학자들을 잡아내어 460명이나 산 채로 한구덩이에 매장해 버렸다.

兵	役	忌	避	丙	子	胡	亂
군사 병	일 역	꺼릴 기	피할 피	천간 병	지지 자	오랑캐호	어지러울란
八—5획	彳—4획	心—3획	辶—13획	一—4획	子—0획	肉—5획	乙—12획

補	助	符	號	焚	書	坑	儒
도울 보	도울 조	맞을 부	표 호	불사를분	책 서	구덩이갱	선비 유
衣—7획	力—5획	竹—5획	虍—7획	火—8획	曰—6획	土—4획	人—14획

▷ 둘 이상의 음을 내는 한자

切 { 끊을 절 切斷(절단)
     모두 체 一切(일체)

提 { 끌 제 提携(제휴)
     보리수 리 菩提(보리)

辰 { 지지 진 辰時(진시)
     일월성 신 生辰(생신)

補	佐	役	割	普	遍	妥	當	複	寫	不	許
도울 보	도울 좌	일 역	나눌 할	널리 보	두루 편	온당할타	마땅할당	겹칠 복	베낄 사	아니 불	허락할허
衣—7획	人—5획	彳—4획	刀—10획	日—8획	辵—9획	女—4획	田—8획	衣—9획	宀—12획	一—3획	言—4획

複	合	副	詞	封	庫	罷	職	不	得	要	領
겹칠 복	합할 합	도울 부	글 사	쌓을 봉	곳집 고	내칠 파	벼슬 직	아닐 부	얻을 득	요할 요	깨달을령
衣—9획	口—3획	刀—9획	言—5획	寸—6획	广—7획	网—10획	耳—12획	一—3획	彳—8획	襾—3획	頁—5획

▶ 子曰「過而不改면 是謂過矣니라」
　공자께서 말씀하시기를 「잘못을 저지르고서도 고치지 않으면, 이것이 바로 잘못이니라」 『論語』

父	母	俱	存	賦	拂	信	用
아버지부	어머니모	함께 구	있을 존	줄 부	털 불	믿을 신	쓸 용
父―0획	母―0획	人―8획	子―3획	貝―8획	手―5획	人―7획	用―0획
父	母	俱	存	賦	拂	信	用
父	母	俱	存	賦	拂	信	用

附	屬	病	院	髀	肉	之	嘆
붙을 부	붙을 속	병 병	집 원	넓적다리비	몸 육	어조사지	한숨쉴탄
阜―5획	尸―18획	疒―5획	阜―7획	骨―8획	肉―0획	丿―3획	口―11획
附	屬	病	院	髀	肉	之	嘆
附	屬	病	院	髀	肉	之	嘆

해 석

- 補佐役割 : 상관을 도와 일을 처리하는 일을 맡음.
- 普遍妥當 : 지식이 때와 장소에 관계없이 필연적으로 통용됨.
- 複寫不許 : 그대로 옮겨 베끼는 것을 허락하지 않음.
- 複合副詞 : 두 개 이상의 말이 모여서 하나로 된 부사.(밤낮·때때로 등)
- 封庫罷職 : 부정을 저지른 원을 파면시키고 관고를 봉하여 잠그던 일.
- 不得要領 : 요령을 잡을 수가 없음을 뜻하는 말.
- 父母俱存 : 부모가 다 살아 계심.
- 賦拂信用 : 상품은 현재 급부하고 그 대금은 장래의 일정한 기간에 여러 차례로 나누어 급부하는 거래.
- 附屬病院 : 의과대학에 부속된 병원.

고사유래

髀肉之嘆 : 성공할 기회를 잃고 허송 세월하는 것을 탄식한다는 말이다. 삼국시대의 영웅 유비가 형주의 유표 밑에서 식객 노릇하고 있을 때이다. 어느날 유표의 공관에 초대되어 술대접을 받으며 애기를 나누다 화장실에 갔다. 가만히 앉아 엉덩이를 쓸어 보니 살이 토실토실 쪄 있는 게 아닌가? 한조를 중흥시킬 청운의 꿈을 안고 싸운 지 10여 년이지만 지금은 유표의 식객 노릇이라니? 자리에 돌아온 유비가 허엄없이 눈물을 흘리니 주인이 그 까닭을 물었다. 유비는 이렇게 대답하였다. 「나는 항상 전쟁터에서 말안장을 떠난 적이 없어 군살이란 모두 빠졌었소. 한데 지금은 말도 타지 않고 이처럼 할일 없이 놀고 있으니 이렇게 군살이 또 생겼소. 세월은 흐르는 물과 같아 벌써 이렇게 늙었는데 해놓은 업적이란 아무것도 없으니 이것을 슬퍼하고 있었소이다.」

▷ 둘 이상의 음을 내는 한자

參 { 참여할 참 / 석 삼   參加(참가) / 參拾(삼십)

推 { 밀 추 / 밀 퇴   推薦(추천) / 推敲(퇴고)

則 { 법 칙 / 곧 즉   規則(규칙) / 則效(즉효)

浮	言	浪	說	富	裕	農	村	赴	任	途	中
뜰 부	말씀 언	함부로 랑	말씀 설	넉넉할 부	넉넉할 유	농사 농	마을 촌	다다를 부	맡길 임	길 도	가운데 중
水—7획	言—0획	水—7획	言—7획	宀—9획	衣—7획	辰—6획	木—3획	走—2획	人—4획	辶—7획	ㅣ—3획

夫	唱	婦	隨	附	和	雷	同	粉	骨	碎	身
남편 부	노래부를 창	아내 부	따를 수	붙을 부	온화할 화	우뢰 뢰	한가지 동	가루 분	뼈 골	부술 쇄	몸 신
大—1획	口—8획	女—8획	阜—13획	阜—5획	口—5획	雨—5획	口—3획	米—4획	骨—0획	石—8획	身—0획

▶ 子曰「君子는 欲訥於言하고 而敏於行이니라」
　공자께서 말씀하시기를「군자는 말함에 있어서는 더디고자 하고, 행함에 있어서는 빠르고자 하느니라」
　『論語』

憤氣沖天 分析檢討

憤	氣	沖	天	分	析	檢	討
분할 분	기운 기	높이날충	하늘 천	나눌 분	나눌 석	검속할검	궁구할토
心—12획	气—6획	水—4획	大—1획	刀—2획	木—4획	木—13획	言—3획

紛爭頻繁 四面楚歌

紛	爭	頻	繁	四	面	楚	歌
어지러울분	다툴 쟁	자주 빈	번성할번	넉 사	면 면	초나라초	노래 가
糸—4획	爪—4획	頁—7획	糸—11획	口—2획	面—0획	木—9획	欠—10획

해 석

浮言浪說 : 아무 근거 없이 널리 퍼진 풍설.(=流言蜚語)

富裕農村 : 재물이 많아 생활이 넉넉한 농촌.

赴任途中 : 임명을 받아 임지로 가는 도중.

夫唱婦隨 : 남편의 주장에 아내가 따름.

附和雷同 : 일정한 견식이 없이 남의 말에 이유없이 찬성하여 같이 행동함.

粉骨碎身 : 뼈가 가루가 되고 몸이 부서지도록 노력함.

憤氣沖天 : 분한 기운이 하늘에 솟구치듯 대단함.

分析檢討 : 일정한 사물이나 현상에 대해 그 요소들을 갈라내어 따져 봄.

紛爭頻繁 : 어지럽게 엉클어진 다툼질이 잦고 많음.

고사유래 四面楚歌 : 사면으로 적에게 포위되어 고립된 경우를 말한다. 초패왕 항우가 해하에서 한중왕 유방의 대군에게 포위되고 말았다. 항우군은 남아 있는 군사가 얼마 되지 않을 정도로 철저히 섬멸되었던 것이다. 그렇지 않아도 마음이 허전한데다, 밤만 되면 어디서인지 모르게 고향인 초나라의 노래가 들려오곤 했다. 그 노래가 점차 확대되어 동서남북 모든 방향에서 들려왔다. 항우의 패잔병들은 향수에 젖은 나머지 눈물까지 흘리는 자가 있었다. 항우도「한은 이미 초를 얻었단 말인가?」하고 한탄하였다. 이렇게 사면에서 야밤에 구슬픈 초나라 노래를 부르게 한 것은 사실상 유방의 군사 장량이 항우의 패잔병의 사기를 더욱 꺾기 위해 꾸민 심리전이었다.

▷ 둘 이상의 음을 내는 한자

沈 { 가라앉을침 沈沒(침몰)
     성 심   沈氏(심씨)

拓 { 박을 탁   拓本(탁본)
     넓힐 척   開拓(개척)

罷 { 파할 파   罷業(파업)
     고달플 피   罷勞(피로)

不	顧	廉	恥	不	愧	屋	漏	不	亦	悅	乎
아니 불	돌아볼 고	청렴할 렴	부끄러울 치	아니 불	부끄러울 괴	지붕 옥	샐 루	아니 불	또 역	기쁠 열	어조사 호

不顧廉恥 : 염치를 돌아보지 않음

不愧屋漏 : 아무도 보지 않는 곳에서도 부끄럽지 않게 행동함

不亦悅乎 : 또한 기쁘지 아니한가

不	肖	子	弟	弗	貨	獲	得	鵬	程	萬	里
아니 불	닮을 초	아들 자	아우 제	달러 불	재화 화	얻을 획	얻을 득	붕새 붕	한도 정	일만 만	이수 리

▶ 子曰「君子는 成人之美하고 不成人之惡하나니 小人은 反是니라」
공자께서 말씀하시기를「군자는 남의 좋은 점을 이루어지게 하고 남의 악한 점을 이루어지지 못하게 하거니와, 소인은 이와 반대이니라」『論語』

해 석

不顧廉恥 : 체면과 부끄러움을 돌보지 않음.

不愧屋漏 : 사람이 보지 않는 곳에 있어도 행동을 신중히 하고 경계하므로 귀신에게도 부끄럽지 아니함.

不亦悅乎 : 또한 기쁘지 아니하겠는가?(기쁘다는 표현의 반어 표현임)

不肖子弟 : 부조(父祖)의 덕망이나 유업을 대받지 못하는 자손.

弗貨獲得 : 달러를 손에 넣음.

鵬程萬里 : 앞길이 매우 멀고도 큼을 뜻하는 말.

比較硏究 : 여러 가지 사물을 비교해 유사성·관련성을 찾는 연구.

祕密保障 : 숨기어 남에게 공개하지 않는 일이 잘 지켜지도록 책임을 짐.

飛行操縱 : 비행기를 마음대로 다루어 부림.

고사유래

喪家之狗 : 초상집에서 개에게 밥 주는 것을 잊기 때문에 개가 몹시 마른다는 말이다. 노나라의 대신으로 이상적인 도덕정치를 펴고자 노력한 공자였지만 귀족가문과 정면으로 의견 충돌하자 하야하고는 밝은 임금을 찾아 천하를 돌아다녔다. 정나라까지 왔을 때 제자들과 떨어져 서로 길을 잃고 말았다. 스승을 찾아 헤매던 자공에게 정나라 사람이 공자를 보았다며 이렇게 말했다.「동문 쪽에 서 계시는 분이 이마는 성군 요임금을 꼭 닮았고, 어깨는 명재상 자산 같았지만, 몹시 피로하여 뜻을 얻지 못한 모습이, 마치 초상집의 개처럼 초라해 보이더군요.」이 말을 듣고 자공이 급히 가 보니 공자가 있었다. 정나라 사람의 공자평을 들은 공자가 껄껄 웃으면서 말했다.「용모는 맞지 않았지만 초상집 개처럼 초라하다고 본 것은 맞았네.」

▷ 둘 이상의 음을 내는 한자

便 { 편할 편 便利(편리)
     오줌 변 便器(변기)

暴 { 사나울 폭 暴風(폭풍)
     사나울 포 暴惡(포악)

皮 { 가죽 피 皮革(피혁)
     가죽 비 鹿皮(녹비)

貧	富	貴	賤	詐	欺	姦	淫	斯	文	亂	賊
가난할빈	넉넉할부	귀할 귀	천할 천	속일 사	속일 기	간음할간	음란할음	이 사	글월 문	어지러울란	도둑 적
貝-4획	宀-9획	貝-5획	貝-8획	言-5획	欠-8획	女-6획	水-8획	斤-8획	文-0획	乙-12획	貝-6획

司	法	裁	判	邪	不	犯	正	沙	上	樓	閣
맡을 사	법 법	결단할재	판단할판	간사할사	아니 불	범할 범	바를 정	모래 사	위 상	다락 루	누각 각
口-2획	水-5획	衣-6획	刀-5획	邑-4획	一-3획	犬-2획	止-1획	水-4획	一-2획	木-11획	門-6획

▶ 子曰「奢則不孫하고 儉則固니 與其不孫也론 寧固니라」
공자께서 말씀하시기를 「사치하면 공손하지 못하고 검약하면 인색하거니와, 공손하지 못함보다는 차라리 인색한 편이 나으니라」 『論語』

해석

貧富貴賤 : 가난하고 넉넉함과 귀하고 천함을 아울러 이르는 말.
詐欺姦淫 : 속여서 비도덕적인 성관계를 맺음.
斯文亂賊 : 교리에 어긋나는 언동으로 유교를 어지럽히는 사람.
司法裁判 : 민사 및 형사 재판의 총칭.
邪不犯正 : 요사스러운 것은 바른 것을 범하지 못함.
沙上樓閣 : 기초가 약하여 자빠질 염려가 있거나 오래 유지하지 못함.
賜額書院 : 임금이 이름을 지어 편액을 내림.
謝恩肅拜 : 임금의 은혜를 사례하여 공손하게 절함.
似而非者 : 비슷하면서도 다른 사람, 즉 겉으로 보기에는 비슷한 것 같으나 실제로는 아주 다름을 뜻하는 말.

고사유래

塞翁之馬 : 한때의 화가 반드시 슬퍼할 것이 못되고, 또 복이 반드시 기뻐할 것도 아니니 사람의 일이란 도무지 헤아리기 어렵다는 말이다. 『회남자』에 나온다. 북방의 오랑캐족과 경계를 이루는 국경도시에 점을 잘 치는 노인이 살았는데 소중히 키우던 말이 오랑캐 땅으로 도망쳐 버렸지만 얼마 있다 오랑캐의 좋은 말을 한필 데리고 돌아오는 것이었다. 그런데 그 좋은 말을 타고 다니던 노인의 아들이 그만 말에서 떨어져 절름발이가 되었다. 그 후에 전쟁이 일어났다. 마을의 모든 장정이 징집되어 전쟁터에 나가 싸우다가, 열 명 중 아홉 명이 전사하는 일이 생겼지만 이 노인의 아들만은 불구자로 판정되어 병역에서 면제된 결과, 전쟁터에 나가지 않았으므로 부자가 모두 생명을 보전하게 되었다.

賜	額	書	院	謝	恩	肅	拜
줄 사	현판 액	글 서	집 원	사례할 사	은혜 은	엄숙할 숙	절 배
貝-8획	頁-9획	曰-6획	阜-7획	言-10획	心-6획	聿-7획	手-5획

似	而	非	者	塞	翁	之	馬
같을 사	말이을 이	그를 비	사람 자	변방 새	늙은이 옹	어조사 지	말 마
人-5획	而-0획	非-0획	耂-5획	土-10획	羽-4획	丿-3획	馬-0획

▷ 둘 이상의 음을 내는 한자

降 { 항복할 항 降伏(항복)
    내릴 강   下降(하강)

行 { 다닐 행 行人(행인)
    항렬 항 行列(항렬)

畵 { 그림 화 畵幅(화폭)
    꾀할 획 計畵(계획)

朔	望	高	潮	山	崩	海	浸	山	岳	氣	象
초하루 삭	보름 망	높을 고	조수 조	메 산	무너질 붕	바다 해	잠길 침	메 산	큰산 악	기운 기	형상 상
月—6획	月—7획	高—0획	水—12획	山—0획	山—8획	水—7획	水—7획	山—0획	山—5획	气—6획	豕—5획

山	紫	水	明	殺	身	成	人	森	羅	萬	象
메 산	자주빛 자	물 수	밝을 명	죽일 살	몸 신	이룰 성	사람 인	빽빽할 삼	벌일 라	일만 만	형상 상
山—0획	糸—5획	水—0획	日—4획	殳—7획	身—0획	戈—3획	人—0획	木—8획	罒—14획	艹—9획	豕—5획

▶ 子曰「三人行에 必有我師焉이니 擇其善者而從之하고 其不善者而改之니라」
공자께서 말씀하시기를 「셋이 함께 가면 필히 내 스승이 있게 마련이니 선한 쪽을 골라 이를 따르고 악한 쪽을 골라 이를 고쳐야 하느니라」 『論語』

해 석

朔望高潮: 음력 초하룻날과 보름날.
山崩海浸: 산이 무너지고 바다가 육지를 먹어들어옴.
山岳氣象: 산악같이 씩씩하고 웅장한 기상.
山紫水明: 산수의 경치가 썩 좋음.
殺身成仁: 제 몸을 희생하고 인도(人道)의 극치를 성취한다는 뜻.
森羅萬象: 우주 사이에 벌어 있는 수 많은 현상.
三歲置閏: 음력으로 3년에 한번 윤달이 드는 일.
三旬九食: 서른 날에 아홉 끼니 먹음. 즉, 몹시 가난함을 비유.
傷弓之鳥: 화살을 한번 맞아 혼이 난 새처럼 항상 공포를 느낌의 비유.

三	歲	置	閏	三	旬	九	食
석 삼	해 세	둘 치	윤달 윤	석 삼	열흘 순	아홉 구	밥 식
一—2획	止—9획	皿—8획	門—4획	一—2획	日—2획	乙—1획	食—0획

傷	弓	之	鳥	先	卽	制	人
상할 상	활 궁	어조사 지	새 조	먼저 선	곧 즉	억제할 제	사람 인
人—11획	弓—0획	ノ—3획	鳥—0획	儿—4획	卩—7획	刂—6획	人—0획

고사유래

先卽制人: 사람들이 하지 않을 때 먼저 자기가 이를 해치우면 능히 사람들 위에 설 수 있다는 것으로, 먼저 함이 승리한다는 뜻이다. 진나라 말기에 봉기한 진승·오광 등의 농민군이 파죽지세로 여러 고을을 점령하고 있을 때 강동의 군수였던 은통이 봉기군에 호응하고자 항우의 삼촌 항량을 불러 상의하였다. 「본인이 듣기에 먼저 하면 사람을 제어하고, 늦으면 다른 사람이 차지하게 된다. 당신과 환초 두 분에게 거병의 선봉장을 위임하고 싶다.」고 하자 항량은 도피생활 중인 환초의 행방을 조카 항우만이 알고 있다고 하며 항우를 불러들였다. 은통이 환초의 행방을 찾아 곧 데려오라고 항우에게 이르는 동안 미리 약속한 신호를 보내자 항우는 불문곡직 단칼에 은통을 두 동강 내어 버리고 강동의 군수 자리를 빼앗았다. 선즉제인을 행한 것은 은통이 아니고 항량과 항우였다.

▷ 모양이 비슷한 한자

- 殼(껍질 각) 貝殼(패각) / 穀(곡식 곡) 穀食(곡식)
- 干(방패 간) 干戈(간과) / 于(어조사 우) 于今(우금)
- 綱(벼리 강) 綱領(강령) / 網(그물 망) 漁網(어망)

霜	露	旣	降	詳	細	報	道	桑	田	碧	海
서리 상	이슬 로	이미 기	내릴 강	자세할 상	자세할 세	알릴 보	말할 도	뽕나무 상	밭 전	푸를 벽	바다 해
雨—9획	雨—12획	无—7획	阜—6획	言—6획	糸—5획	土—9획	辵—9획	木—6획	田—0획	石—9획	水—7획

▶子曰「不在其位어든 不謀其政이니라」
  공자께서 말씀하시기를「그 직위에 있지 않거든 그 정사를 논의하지 말아야 하느니라」『論語』

相	互	排	斥	色	彩	聽	覺	西	曆	紀	元
서로 상	서로 호	물리칠 배	물리칠 척	빛 색	채색 채	들을 청	깨달을 각	서양 서	책력 력	해 기	으뜸 원
日—4획	二—2획	手—8획	斤—1획	色—0획	彡—8획	耳—16획	見—13획	西—0획	日—12획	糸—3획	儿—2획

暑	濕	之	氣	庶	政	刷	新
더위 서	젖을 습	어조사 지	기운 기	많은백성 서	정사 정	씻을 쇄	새 신
日-9획	水-14획	ノ-3획	气-6획	广-8획	攵-5획	刂-6획	斤-9획

해 석

霜露旣降 : 서리와 이슬이 이미 내림. 즉, 늦가을이 되었음을 이르는 말.
詳細報道 : 국내외에서 생긴 일을 속속들이 자세하게 전하여 알려 줌.
桑田碧海 : 세상 일의 변천이 심하여 사물이 바뀜을 비유한 말.
相互排斥 : 서로 반대하여 물리쳐 내침.
色彩聽覺 : 어떤 음을 들었을 때 본래의 청각 외에 색채 감각이 이에 준해 일어나는 일.
西曆紀元 : 예수 탄생을 기원으로 한 서양의 책력.
暑濕之氣 : 더운 기운과 습기.
庶政刷新 : 정사(政事)의 처리에서 폐단을 없애고 면목을 새로이 함.
徐行運轉 : 천천히 운전함.

徐	行	運	轉	首	鼠	兩	端
천천히 서	다닐 행	옮길 운	옮길 전	머리 수	쥐 서	두 량	끝 단
彳-7획	行-0획	辶-9획	車-11획	首-0획	鼠-0획	入-6획	立-9획

고사유래 **首鼠兩端** : 쥐가 구멍에서 머리를 내밀고 좌우를 둘러보면서 나갈까 말까 망설이는 모습으로, 어떤 일을 할 때 결단성 없어 쭈뼛거리고 주저하여 쾌히 실행하지 못하는 것을 이르는 말이다. 전한의 경제(景帝)로부터 무제(武帝)에 걸쳐 서로 권력다툼을 하면서 대항한 것은 위기후 두영과 무안후 전분이었다. 어느땐가 두영의 친구이며 용장으로 이름 높았던 관부가 조그만 사고를 일으킨 데서부터 두영과 전분은 어전에서 논쟁을 벌이게 되었다. 황제는 측근 신하들에게 어느 쪽이 정당한가를 물었다. 내리인 정이라는 사람은 처음에 두영의 주장을 지지했지만 형세가 불리해질 것 같자 명백히 자기 의견을 말하지 않고 입을 다물어 버렸다. 어전에서 물러나자 전분은 화가 나서 정에게 이렇게 대들었다. 「어째서 수서양단의 행동을 취했소」

▷ 모양이 비슷한 한자
{ 決(정할 결)　決議(결의)　　{ 郊(성밖 교)　郊外(교외)　　{ 几(안석 궤)　几席(궤석)
{ 訣(이별할 결)　訣別(결별)　　{ 效(효험 효)　效能(효능)　　{ 凡(무릇 범)　凡例(범례)

惜	別	酒	宴	禪	讓	放	伐	宣	戰	布	告
아까울석	헤어질별	술 주	잔치 연	선위할선	사양할양	놓을 방	칠 벌	펼 선	싸움 전	펼 포	알릴 고
心-8획	刀-5획	酉-3획	宀-7획	示-12획	言-17획	攵-4획	人-4획	宀-6획	戈-12획	巾-2획	口-4획

鮮	車	怒	馬	雪	上	加	霜	城	郭	都	市
고울 선	수레 차(거)	성낼 노	말 마	눈 설	위 상	더할 가	서리 상	재 성	외성 곽	도읍 도	도시 시
魚-6획	車-0획	心-5획	馬-0획	雨-3획	ㅡ-2획	力-3획	雨-9획	土-7획	邑-8획	邑-9획	巾-2획

▶ 子曰「父母在어시든 不遠遊하며 遊必有方이니라」
공자께서 말씀하시기를「부모가 살아계시면 멀리 다니지 말아야 하며, 나가게 되거든 반드시 장소를 정해 두어야 하느니라」『論語』

해 석

惜別酒宴 : 헤어지기가 아쉬워 베푸는 술잔치.

禪讓放伐 : 선양은 타성(他性)받이에게 임금의 자리를 물려주는 것, 방벌은 혁명으로 스스로 임금이 되는 것, 즉 왕조가 바뀜을 뜻하는 말.

宣戰布告 : 상대국과 전쟁 상태에 들어감을 선언·공포함.

鮮車怒馬 : 좋은 수레와 힘센 말.

雪上加霜 : 불행이 앞친 데 덮쳐 일어남.

城郭都市 : 외적을 막기 위해 둘레를 성곽으로 둘러 싼 도시.

姓氏族譜 : 어떤 성(姓)이 전하여 내려온, 집안의 계통과 혈통의 관계를 적어 놓은 책.

稅金徵收 : 국가가 국민들로부터 세금을 강제적으로 거두어들임.

歲暮松貞 : 어지러운 세상에서 절개를 버리지 않는 군자를 비유하는 말.

고사유래

守株待兎 : 나무 그루터기를 지키면서 토끼를 기다린다는 말로, 그때그때의 새로운 정세에 맞게 임시변통적으로 살아갈 줄 모르고 전례와 관습만을 보수적으로 지키는 것을 비웃는 말이다. 송나라의 한 농부가 어느 날 밭을 갈고 있는데, 토끼 한 마리가 급히 달려오다가 그만 그 밭 가운데 있는 나무뿌리에 부딪쳐 목이 부러지면서 죽었다. 힘들이지 않고 토끼를 얻은 그는 이날부터 아예 밭에 나가 일하는 것을 포기하고 다른 토끼가 또 달려와 그 나무뿌리에 부딪쳐 죽는 것을 얻고자 그 나무뿌리만 지켰다. 그러나 끝내 다른 토끼도 얻지 못했거니와 농사까지 망침으로써 사람들의 비웃음을 샀다.

▷ 모양이 비슷한 한자

- 斤(근 근) 斤量(근량) / 斥(물리칠 척) 排斥(배척)
- 今(이제 금) 昨今(작금) / 令(명령 령) 命令(명령)
- 兢(조심할 긍) 兢兢(긍긍) / 競(다툴 경) 競走(경주)

細	雨	斜	風	洗	濯	機	械	消	毒	防	疫
가늘 세	비 우	비낄 사	바람 풍	씻을 세	빨래할탁	기계 기	기계 계	사라질소	해칠 독	막을 방	염병 역
糸―5획	雨―0획	斗―7획	風―0획	水―6획	水―14획	木―12획	木―7획	水―7획	母―4획	阜―4획	疒―4획

燒	眉	之	急	素	朴	純	直	昭	昭	應	感
불사를소	눈썹 미	어조사지	빠를 급	본디 소	순박할박	순수할순	곧을 직	밝을 소	밝을 소	응할 응	느낄 감
火―12획	目―4획	丿―3획	心―5획	糸―4획	木―2획	糸―4획	目―3획	日―5획	日―5획	心―13획	心―9획

▶ 子曰「君子博學於文이오 約之以禮면 亦可以弗畔矣夫인저」
공자께서 말씀하시기를「군자가 글을 널리 배우고 예로써 단속한다면, 또한 이로써 道에 어긋나지 않을 것이니라」『論語』

해 석

細雨斜風 : 가늘게 내리는 비와 비껴 불어오는 바람.(=斜風細雨)

洗濯機械 : 전력을 이용하여 세탁하는 기계.

消毒防疫 : 박테리아를 박멸시켜 전염성 질병을 미리 막음.

燒眉之急 : 눈썹에 불이 붙은 것같이, 매우 위급함의 비유.(=焦眉之急)

素朴純直 : 꾸미거나 거짓이 없이 수수하며 순진하고 정직함.

昭昭應感 : 분명히 마음에 응하여 느낌.

小心**翼翼** : 조그만 일에까지 대단히 조심하고 삼가는 모양을 나타내는 고사로, 전(轉)하여, 소심하여 겁이 많음을 뜻함.

逍遙吟詠 : 산책하면서 나직히 읊조림.

騷人墨客 : 시문과 서화(書畵)를 일삼는 사람.

고사유래

殃及池魚 : 애매한 화를 입는다는 말이다. 옛날에 지어라고 하는 사람이 있었다. 그는 성문 가까이 살고 있었는데 어느 날 불행히도 성문에 불이 났다. 그 날따라 날씨가 무척 건조했고 설상가상으로 바람까지 세차게 불었다. 불길은 바람을 타고 사납게 타올라 도저히 이를 잡을 수가 없었다. 순식간에 검은 연기는 하늘을 뒤덮었고 화염은 용이 구름을 타고 하늘로 오르듯 치솟아 올랐다. 맹렬한 불길은 꺼질 줄 모르고 계속 타오르더니 눈 깜짝할 사이에 지어의 집에까지 옮겨 붙었다. 결국 지어의 집도 다 타버려 재만이 바람에 흩날렸다. 이와 같은 큰 불이 일고 있을 때 지어는 집에 있다가 돌연한 불길에 당황한 나머지 어찌할 바를 모르고 몸을 미처 피하기도 전에 타 죽어 잿더미가 되고 말았다.

小心翼翼逍遙吟詠
- 小 작을 소 (小-0획)
- 心 마음 심 (心-0획)
- 翼 삼갈 익 (羽-11획)
- 翼 삼갈 익 (羽-11획)
- 逍 거닐 소 (辶-7획)
- 遙 노닐 요 (辶-10획)
- 吟 읊을 음 (口-4획)
- 詠 읊을 영 (言-5획)

騷人墨客殃及池魚
- 騷 시부 소 (馬-10획)
- 人 사람 인 (人-0획)
- 墨 먹 묵 (土-12획)
- 客 나그네객 (宀-6획)
- 殃 재앙 앙 (歹-5획)
- 及 미칠 급 (又-2획)
- 池 못 지 (水-3획)
- 魚 물고기어 (魚-0획)

▷ 모양이 비슷한 한자

- 納(들일 납) 納稅(납세) / 訥(말더듬을눌) 訥辯(눌변)
- 怒(성낼 노) 憤怒(분노) / 恕(용서할 서) 容恕(용서)
- 能(능할 능) 能力(능력) / 態(모양 태) 態度(태도)

蘇	秦	張	儀	素	質	啓	發	蔬	菜	園	藝
깨어날 소	진나라 진	베풀 장	거동 의	본디 소	바탕 질	열 계	필 발	나물 소	나물 채	동산 원	심을 예
艸—16획	禾—5획	弓—8획	人—13획	糸—4획	貝—8획	口—8획	癶—7획	艸—10획	艸—8획	囗—10획	艸—15획

孫	康	映	雪	送	舊	迎	新	松	柏	茂	盛
겸손할 손	편안할 강	비칠 영	눈 설	보낼 송	예 구	맞을 영	새 신	소나무 송	잣나무 백	무성할 무	성할 성
子—7획	广—8획	日—5획	雨—3획	辵—6획	臼—12획	辵—4획	斤—9획	木—4획	木—5획	艸—5획	皿—7획

▶ 孟子曰「周于利者는 凶年도 不能殺하고 周于德者는 邪世도 不能亂이니라」
맹자께서 말씀하시기를「利에 철저한 자는 흉년도 그를 죽이지 못하고, 德에 철저한 자는 그릇된 세상도 그의 덕을 어지럽히지 못하느니라」『孟子』

해 석

- **蘇秦張儀** : 소진(蘇秦)과 장의(張儀)처럼 구변이 좋은 사람을 일컫는 말.
- **素質啓發** : 날 때부터 지닌 성격이나 능력 따위를 열어 깨우쳐 줌.
- **蔬菜園藝** : 채소의 생산 및 이용에 관한 기술.
- **孫康映雪** : 중국 진나라 손강이 가난하여 겨울밤에 눈빛으로 공부했다는 옛일.
- **送舊迎新** : 묵은 해를 보내고 새해를 맞음.
- **松柏茂盛** : 소나무와 밤나무가 우거져 성함.
- **需給計劃** : 수요와 공급을 미리 생각해 얽이를 세움. 또는, 그 세운 내용.
- **修練病院** : 전공의(醫)를 수련시키는 의료 기관.
- **睡眠不足** : 잠이 모자람.

고사유래

羊頭狗肉 : 푸줏간에서 양의 머리를 내걸고 실제로는 개고기를 속여서 판다는 뜻으로, 겉으로는 훌륭하게 보여도 속은 변변치 않음을 말한다. 원래 후한 광무제의 조서에 나온 말이다.「양의 머리를 걸어놓고 말고기를 팔며 도척이 공자의 말씀을 뇌까린다.」춘추시대 제나라의 경공은 궁중의 궁녀들을 모두 남장시켜서 그것을 보고 기뻐하였다. 그러나 일반 백성들에게는 엄명을 내려 남장을 금지시켰으나 전혀 효과가 없었다. 그래서 재상인 안자에게 왜 왕명이 이다지도 시행되지 않느냐고 그 이유를 물었다. 안자는 「궁중에서 남장을 시키면서 일반 백성에게 금지한다는 것은 마치 양 머리를 내걸고 말고기를 파는 것 같다.」고 대답했다. 이 말을 듣고 경공도 깨달은 바 있어 남장가인을 없앴더니 민간에서도 그런 풍습이 없어지게 되었다.

需	給	計	劃	修	練	病	院
구할 수	줄 급	셈할 계	쪼갤 획	닦을 수	익힐 련	병 병	집 원
雨―6획	糸―6획	言―2획	刀―12획	人―8획	糸―9획	疒―5획	阜―7획

睡	眠	不	足	羊	頭	狗	肉
잠잘 수	잠잘 면	아닐 부	넉넉할 족	양 양	머리 두	개 구	몸 육
目―8획	目―5획	一―3획	足―0획	羊―0획	頁―7획	犬―5획	肉―0획

▷ 모양이 비슷한 한자

- 旦(아침 단) / 且(또 차)
- 元旦(원단) / 且置(차치)
- 端(바를 단) / 瑞(상서 서)
- 端正(단정) / 瑞雪(서설)
- 大(클 대) / 太(클 태)
- 大小(대소) / 太白(태백)

樹	木	參	天	壽	福	康	寧	手	不	釋	卷
나무 수	나무 목	참여할참	하늘 천	목숨 수	복 복	편안할강	편안할녕	손 수	아니 불	풀 석	책 권
木—12획	木—0획	厶—9획	大—1획	士—11획	示—9획	广—8획	宀—11획	手—0획	一—3획	釆—13획	卩—6획

殊	死	奮	鬪	愁	色	滿	面	授	受	傳	承
결심할수	죽을 사	힘쓸 분	싸울 투	근심 수	빛 색	찰 만	낯 면	줄 수	받을 수	전할 전	이을 승
歹—6획	歹—2획	大—13획	鬥—10획	心—9획	色—0획	水—11획	面—0획	手—8획	又—6획	人—11획	手—4획

▶ 孟子曰「人之易其言也는 無責耳矣니라」
맹자께서 말씀하시기를「사람이 자기의 말을 쉽게 함은 그 말에 대한 책임이 없기 때문일 따름이니라」
『孟子』

해 석

樹木參天 : 수목이 하늘을 찌를 듯이 울창함.

壽福康寧 : 장수하고 행복하며 건강하고 평안함.

手不釋卷 : 손에서 책을 놓지 않고 늘 글을 읽음.

殊死奮鬪 : 죽음을 결심하고, 있는 힘을 다하여 떨쳐서 싸움.

愁色滿面 : 근심스런 기색이 얼굴에 가득함.

授受傳承 : 주고받아 계통을 전하여 이어감.

需要供給 : 필요하여 구하는 일과 그에 응하여 물품을 대주는 일.

誰怨誰咎 : 남을 원망하거나 책망할 것이 없음.

雖有萬死 : 비록 만 번 죽는 일이 있더라도의 뜻.

고사유래

梁上君子 : 도둑을 이르는 말이다. 후한시대 현령인 진식은 인정이 많아서 지방 사람들로부터 신뢰와 존경을 받고 있었다. 어느 해인가 흉년이 들었을 때, 밤이 깊도록 책을 읽고 있다가 잠시 천장을 올려다보고 있노라니, 대들보 위에 사람이 웅크리고 있는 모습이 보였다. 그것은 도둑이었다. 그래서 그는 가족을 모두 자기 방에 모이게 하곤 이렇게 일렀다. 「착하지 못한 사람도 원래부터 악한 사람이 아니다. 습관이 그렇게 된 것이다. 지금 들보 위의 군자도 그러하느니라.」 이 말을 듣고 있던 도둑이 뛰어내려와 엎드려 사죄하면서 어떤 처벌도 달게 받겠다고 하였다. 그러나 진식은 명주 두 필을 내주며 착하고 부지런히 살라 타이르고 그의 죄를 용서해 주었다. 그뒤 그의 관할 구역에는 도둑의 그림자가 끊어졌다고 한다.

▷ 모양이 비슷한 한자

徒(무리 도) 徒輩(도배)
徙(옮길 사) 移徙(이사)

絡(이을 락) 連絡(연락)
給(줄 급) 給付(급부)

盧(목로 로) 木盧(목로)
慮(생각할 려) 思慮(사려)

輸	出	增	大	收	穫	遞	減	熟	能	生	巧
실어낼수	나갈 출	더할증	클 대	거둘 수	거둘 확	번갈아체	덜 감	익숙할숙	능할 능	살 생	재주 교
車―9획	山―3획	土―12획	大―0획	攴―2획	禾―14획	辶―10획	水―9획	火―11획	月―6획	生―0획	工―2획

宿	泊	申	告	純	潔	敎	育	殉	國	先	烈
잘 숙	묵을 박	알릴 신	알릴 고	순수할순	깨끗할결	가르칠교	기를 육	바칠 순	나라 국	먼저 선	굳셀 렬
宀―8획	水―5획	申―0획	口―4획	糸―4획	水―12획	攴―7획	肉―4획	歹―6획	囗―8획	儿―4획	火―6획

▶ 孟子曰 「人不可以無恥니 無恥之恥면 無恥矣니라」
맹자께서 말씀하시기를 「사람은 부끄러워하는 마음이 없어서는 안되며, 부끄러워할 것이 없음을 부끄러워한다면 부끄러움은 없어지느니라」 『孟子』

해 석

輸出增大: 외국으로 상품을 실어내는 일을 늘려서 크게 함.

收穫遞減: 토지의 생산력이 어떠한 정도를 지나면 자본과 노력을 증가하여도 수확률이 상대적으로 줄어짐.

熟能生巧: 기교는 능숙하게 단련하는 데서 온다는 뜻.

宿泊申告: 여관 등에서 숙박인의 명부를 경찰에 제출함.

純潔敎育: 올바른 성 지식을 주어 남녀간의 도덕을 확립하기 위한 교육.

殉國先烈: 나라를 위하여 목숨을 바친 열사.

脣亡齒寒: 서로 돕던 사람이 망하면 다른 한쪽 사람도 보전하기 어려움.

巡訪外交: 외국과의 교섭을 위해 차례로 방문함.

述而不作: 그 전에 있었던 일로, 새로 창안한 것이 아니라는 뜻.

고사유래

漁父之利: 양자가 싸움으로써 제3자인 다른 사람이 이익을 얻는다는 말이다. 전국시대에 합종책으로 유명한 소진의 동생 소대는 형을 닮아 변설에 능한 재사였는데 연나라를 위해 여러 모로 힘을 썼다. 바로 그때 연나라와 조나라 사이가 악화되어 싸움이 벌어질 정세였다. 그는 조나라의 혜문왕을 찾아가 이렇게 설득하였다.「오늘 제가 역수를 지나가다 보니 강가에 큰 방합조개 한 마리가 혓바닥을 내놓고 햇볕을 쪼이고 있었는데 도요새 한 마리가 조개를 쪼아먹으려 했습니다. 그러자 조개가 상대방의 주둥이를 꽉 물어 서로 엎치락뒤치락하며 싸웠습니다. 때마침 그곳을 지나가던 어부가 무난히 두 마리를 모두 잡아갔습니다. 만일 조나라와 연나라가 싸운다면 어부지리를 얻는 것은 무서운 진나라뿐일 것입니다.」

脣	亡	齒	寒	巡	訪	外	交
입술 순	망할 망	이 치	찰 한	돌 순	찾을 방	바깥 외	사귈 교
肉—7획	亠—1획	齒—0획	宀—9획	巛—4획	言—4획	夕—2획	亠—4획

述	而	不	作	漁	父	之	利
지을 술	말이을 이	아닐 부	지을 작	고기잡을 어	아비 부	갈 지	이로울 리
辶—5획	而—0획	一—3획	人—5획	水—11획	父—0획	丿—3획	刂—5획

▷ 모양이 비슷한 한자

- 綠(초록빛 록) 綠色(녹색)
- 緣(인연 연) 因緣(인연)
- 壘(진 루) 孤壘(고루)
- 疊(겹쳐질 첩) 疊疊(첩첩)
- 栗(밤나무 률) 栗木(율목)
- 粟(조 속) 米粟(미속)

崇	德	辨	惑	拾	遺	補	過	乘	勝	長	驅
높일 숭	덕 덕	분별할 변	미혹할 혹	주울 습	잃을 유	도울 보	허물 과	탈 승	이길 승	길 장	달릴 구
山—8획	彳—12획	辛—9획	心—8획	手—6획	辶—12획	衣—7획	辶—9획	丿—9획	力—10획	長—0획	馬—11획

昇	天	入	地	市	民	精	神	矢	石	之	間
오를 승	하늘 천	들 입	땅 지	도시 시	백성 민	깨끗할 정	정기 신	화살 시	돌 석	어조사 지	사이 간
日—4획	大—1획	入—0획	土—3획	巾—2획	氏—1획	米—8획	示—5획	矢—0획	石—0획	丿—3획	門—4획

▶ 孟子曰「今에 惡死亡而樂勿仁하나니 是는 猶惡醉而强酒니라」
맹자께서 말씀하시기를「지금 세상 사람들은 죽고 망함을 싫어하면서도 악을 즐겨 행하고 있거니와, 이는 술취하기를 싫어하면서도 억지로 술마시는 것과 같으니라」『孟子』

해　석

- **崇德辨惑** : 덕을 높이고 의혹을 분별함.
- **拾遺補過** : 임금을 보좌하여 그 결점을 바로잡음.
- **乘勝長驅** : 싸움에 이긴 여세를 타서 냅다 몰아침.
- **昇天入地** : 하늘로 오르고 땅으로 들어감.
- **市民精神** : 일반 국민이나 주민이 가져야 될 올바른 정신.
- **矢石之間** : 전쟁터를 이름.
- **是耶非耶** : 옳고 그름을 말함.
- **市場開拓** : 상품 판매의 지역을 새로이 더 넓히는 일.
- **視險若夷** : 험한 곳에 있어도 평지에 있는 것처럼 동요가 없음.

是耶非耶
- 是 옳을 시 / 日—5획
- 耶 어조사야 / 耳—3획
- 非 그를 비 / 非—0획
- 耶 어조사야 / 耳—3획

市場開拓
- 市 저자 시 / 巾—2획
- 場 마당 장 / 土—9획
- 開 열 개 / 門—4획
- 拓 열 척 / 手—5획

視險若夷
- 視 볼 시 / 見—5획
- 險 험할 험 / 阜—13획
- 若 같을 약 / 艸—5획
- 夷 평평할이 / 大—3획

緣木求魚
- 緣 인연 연 / 糸—9획
- 木 나무 목 / 木—0획
- 求 구할 구 / 水—2획
- 魚 물고기어 / 魚—0획

고사유래

緣木求魚 : 산에 있는 나무에 올라가 물고기를 잡으려 한다는 것으로, 헛다리를 집든가 절대로 이룰 수 없는 일을 하려고 한다는 뜻이다. 전국시대의 학자 맹자가 제나라 선왕과 만나 이야기할 때였다. 선왕은 맹자에게 춘추시대의 패자들에 관해 이야기해달라고 했다. 선왕의 야심을 간파하고 있던 맹자는「상감께서는 전쟁을 일으켜 신하와 백성들의 목숨을 위태롭게 하고, 이웃 나라와 원한 사는 일을 그렇게도 좋아하십니까?」하고 물었다. 왕은「좋아하지는 않지만 감히 하고자 하는 것은 과인에게 대망이 있기 때문이오.」하고 말했다. 맹자는 여러 가지 말로 왕을 설득하며 무력 동원 방법으로 영토를 확장하고 조공을 바치게 하고 천하를 지배하여 복종하게 하는 것은 연목구어와 다를 게 없다고 직선적으로 말했다. 맹자는 목적과 수단이 일치되지 않으므로 그것은 불가능하다는 경고를 이런 말로 표현한 것이다.

▷ 모양이 비슷한 한자

- 漫(질펀할 만) 浪漫(낭만) / 慢(게으를 만) 慢性(만성)
- 末(끝 말) 末期(말기) / 未(아닐 미) 未來(미래)
- 眠(잠잘 면) 安眠(안면) / 眼(눈 안) 眼鏡(안경)

食	慾	不	振	神	經	銳	敏	信	賞	必	罰
먹을 식	욕심 욕	아닐 부	떨칠 진	정기 신	다스릴 경	날카로울 예	민첩할 민	믿을 신	상 상	반드시 필	벌줄 벌
食―0획	心―11획	一―3획	手―7획	示―5획	糸―7획	金―7획	攵―7획	人―7획	貝―8획	心―1획	罒―9획

辛	酉	迫	害	身	體	髮	膚	神	出	鬼	沒
천간 신	지지 유	핍박할 박	해칠 해	몸 신	몸 체	머리털 발	살갗 부	귀신 신	나갈 출	귀신 귀	빠질 몰
辛―0획	酉―0획	辶―5획	宀―7획	身―0획	骨―13획	髟―5획	肉―11획	示―5획	山―3획	鬼―0획	水―4획

▶ 孟子曰「大人者는 不失其赤子之心者也니라」
맹자께서 말씀하시기를「덕이 높은 사람이란 바로 자기의 어린아이 때의 마음을 잃지 않는 사람이니라」
『孟子』

해 석

食慾不振 : 음식을 먹고 싶어하는 욕망이 줄어드는 상태.
神經銳敏 : 사소한 자극에 대해서도 감응하는 신경 계통이 날카로움.
信賞必罰 : 상벌을 공정·엄중히 함.
辛酉迫害 : 조선 정조 2년(1801) 신유년에 일어난 천주교인에 대한 박해.
身體髮膚 : 몸이나 머리나 피부. 즉, 몸의 전체.
神出鬼沒 : 자유자재로 출몰하여 그 변화를 헤아릴 수 없음.
辛亥邪獄 : 신해교난(辛亥敎難)을 박해자측에서 일컫는 말.
室內裝飾 : 건축물 내부를 그 용도에 따라 아름답게 장식하는 일.
審査委員 : 심사를 맡은 사람.

고사유래

吳越同舟 : 사이가 몹시 나쁜 오나라 사람과 월나라 사람이 같은 배를 탔다는 뜻으로, 원수처럼 좋지 않은 사이지만 같은 자리에 앉게 됨을 이르는 말이다. 『손자』는 춘추시대 오나라 합려왕을 받들어 용맹을 떨친 손무가 지은 책이다. 거기에 다음과 같은 기록이 있다. 「오와 월은 옛날부터 원수의 사이로 지내오는 나라이다. 그러나 가령 이들 두 나라 사람이 같은 배를 타고 건너다가 풍랑을 만나서 파선될 지경에 놓였다고 하면 이들은 무조건 힘을 합해서 필사적으로 살아날 도리에만 열중할 것이다. 군사도 이와 같으니 사지에 이르면 오직 싸워서 이겨야만 산다는 일념밖에는 없으므로 한 덩어리가 되는 것이다.」

辛	亥	邪	獄	室	內	裝	飾
천간 신	지지 해	간사할 사	옥 옥	방 실	안 내	꾸밀 장	꾸밀 식
辛—0획	亠—4획	邑—4획	犬—11획	宀—6획	入—2획	衣—7획	食—5획

審	査	委	員	吳	越	同	舟
살필 심	조사할 사	맡길 위	사람 원	오나라 오	월나라 월	같이할 동	배 주
宀—12획	木—5획	女—5획	口—7획	口—4획	走—5획	口—3획	舟—0획

▷ 모양이 비슷한 한자

- 皿(그릇 명) / 血(피 혈)　　器皿(기명) / 血液(혈액)
- 母(어미 모) / 毋(말 무)　　母子(모자) / 毋論(무론)
- 睦(화목할 목) / 陸(뭍 륙)　　和睦(화목) / 陸地(육지)

부수로 배워보는 한자 5

옷(의)

갑골문 　　전문

풀이 옷깃을 여민 모양을 나타낸 것이다. 衣가 부수로 쓰일 때에는 衤의 형태가 되어, 옷의 상태, 그에 관한 동작을 나타낸다.

[初] 衤+刀
처음(초)
칼(刀)로 옷(衤)을 마름질하는 것은 옷을 만드는 처음의 단계이므로, 이에서 나아가 어떤 일의 처음을 나타냄. *시초(始初).

[被] 衤+皮
입을(피)
皮(피)는 가죽을 나타내므로 '가죽으로 된 옷을 입다, 옷을 덮어쓰다, 나아가서 어떤 행동을 뒤집어쓰게 되다'란 뜻이 되었다. *被害(피해).

[裂] 列+衣
찢을(렬)
列(렬)이 본자(本字)이나, 衣를 더하여 옷을 잘라 찢다란 뜻에서 비롯되었다. *분열(分裂).

소(우)

갑골문 　　전문

풀이 뿔이 달린 소를 그린 것이다. 부수로 쓰여 소를 키우고 부리는 일에 관한 한자를 만든다.

[牧] 牛+攵
다스릴(목)
손에 회초리를 들고 소를 몬다는 데서 '동물을 기르다'라는 뜻이 되었다. *목장(牧場).

[物] 牛+勿
물건(물)
소는 농가에서 가지고 있는 물건 중 대표적이라 하여 널리 '물건'의 뜻이 되었다. *물건(物件).

[特] 牛+寺
특별할(특)
소는 제사에 많이 쓰이므로 특히 소중히 다루었다는 데서 '특별'이란 뜻이 되었다. *특별(特別).

부수로 배워보는 한자 6

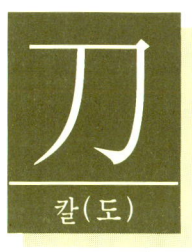

갑골문 刀   전문 刀

풀이 칼의 모양을 본떠 만든 글자이다. 부수로 쓰이면 刂가 되는데, 칼날이 있는 물건 또는 칼로 베다라는 뜻을 나타낸다.

[切] 七+刀
끊을(절)
칼질을 하여 여럿으로 나누어 끊는다는 뜻이다. *절단(切斷).

[刑] 开+刂
형벌(형)
开(견)은 틀이나 거푸집을 본뜬 것이다. 죄수를 형틀에 매고 칼로 벤다 하여 '형벌'의 뜻이 되었다. *형벌(刑罰).

[利] 禾+刂
이로울(리)
농작물(禾)을 날카로운 칼(刀)로 베어 수확을 하다. 또는 수확을 하는 일은 이로운 일이므로 '이롭다'라는 뜻이 되었다. *이익(利益).

갑골문 食   전문 食

풀이 밥을 그릇에 두둑이 담은 모양을 본뜬 것으로, 음식 또는 먹는 것과 관계되는 글자를 이룬다. 부수로 쓰일 때는 食으로 변형된다.

[飮] 食+欠
마실(음)
밥을 먹을 때와 같이 입을 벌리고서(欠) 물이나 술 따위를 마신다는 뜻이다. *음료(飮料).

[飯] 食+反
밥(반)
밥을 먹을 때 숟가락을 든 손이 밥그릇으로 갔다가 입으로 되돌아온다는 데서 '밥', 또는 '먹다'란 뜻이 되었다. *반찬(飯饌).

[飽] 食+勹+巳
배부를(포)
巳(사)는 태아를 가리키는 것으로 여자가 임신을 하여 배가 부른 상태를 말한다. 食과 만나 음식을 먹어서 배가 부른 상태를 나타낸다. *포식(飽食).

深	思	熟	考	阿	鼻	叫	喚	亞	熱	帶	林
깊을 심	생각할 사	익힐 숙	생각할 고	언덕 아	처음 비	부르짖을 규	부를 환	버금 아	더울 열	띠 대	수풀 림
水—8획	心—5획	火—11획	耂—2획	阜—5획	鼻—0획	口—2획	口—9획	二—6획	火—11획	巾—8획	木—4획

我	田	引	水	眼	科	醫	師	安	全	守	則
나 아	밭 전	끌 인	물 수	눈 안	과목 과	의원 의	스승 사	평안할 안	온통 전	지킬 수	법 칙
戈—3획	田—0획	弓—1획	水—0획	目—6획	禾—4획	酉—11획	巾—7획	宀—3획	人—4획	宀—3획	刀—7획

▶孟子曰「人은 有不爲也而後에 可以有爲니라」
맹자께서 말씀하시기를 「사람은 하지 않는 것이 있는 뒤에라야 비로소 하는 것이 있게 되느니라」 『孟子』

해 석

- 深思熟考 : 깊이 잘 생각함.
- 阿鼻叫喚 : 심한 참상을 형용한 말.
- 亞熱帶林 : 아열대에 적합한 수목이 무성한 삼림.
- 我田引水 : 제게 이롭게만 함.
- 眼科醫師 : 눈병의 예방·치료를 전문으로 하는 의사.
- 安全守則 : 안전을 위해 행동·절차를 지켜야 할 사항을 정한 규칙.
- 謁聖及第 : 임금이 알성하고 나서 보이던 과거 시험에 급제함.
- 暗示療法 : 암시의 정신 현상을 이용한 정신 요법의 하나.
- 巖穴隱士 : 속세를 떠나 깊은 산 속에 숨어 사는 선비.

謁聖及第暗示療法

謁	聖	及	第	暗	示	療	法
뵈올 알	성인 성	미칠 급	과거 제	어두울 암	보일 시	고칠 료	법 법
言―9획	耳―7획	又―2획	竹―5획	日―9획	示―0획	疒―12획	水―5획

巖穴隱士 烏合之衆

巖	穴	隱	士	烏	合	之	衆
바위 암	구멍 혈	숨을 은	선비 사	까마귀오	합할 합	어조사지	무리 중
山―20획	穴―0획	阜―14획	士―0획	火―6획	口―3획	丿―3획	血―6획

고사유래

烏合之衆 : 까마귀 떼처럼 규율도 통제도 없는 군중이라는 뜻이다. 이로부터 보잘것없는 시시껄렁한 자들의 무리라는 의미로 사용된다. 후한의 초대 황제인 광무제[유수]가 하북 지방의 영웅호걸을 상대로 분전하고 있을 때의 일이다. 조나라의 도성인 한단 지방에는 점장이 출신의 왕랑이라는 사람이 세력을 뻗쳐, 자기가 한나라의 직계 출신이라고 주장하면서 스스로 황제를 사칭하고 있었다. 당시 유수군에 가담하고 있던 경감 장군은 어떤 부하가 왕랑을 지지하는 발언을 하자, 검을 빼들고 무서운 형상으로 이렇게 소리질렀다. 「왕랑 도당과 같은 오합지중이 무엇을 한다는 것이냐! 단 한번 싸움에서 끝장을 낼 테다.」

▷ 모양이 비슷한 한자

- 夢(꿈 몽) 夢想(몽상)
- 蒙(어두울 몽) 啓蒙(계몽)
- 問(물을 문) 問題(문제)
- 間(사이 간) 間隔(간격)
- 味(맛 미) 味覺(미각)
- 昧(어두울 매) 三昧(삼매)

仰	望	終	身	愛	憎	厚	薄	野	蠻	政	策
우러를앙	바랄 망	마칠 종	몸 신	사랑 애	미워할증	두터울후	엷을 박	들 야	오랑캐만	정사 정	꾀 책
人—4획	月—7획	糸—5획	身—0획	心—9획	人—12획	厂—7획	艹—13획	里—4획	虫—19획	攵—5획	竹—6획

約	束	履	行	糧	穀	管	理	良	藥	苦	口
약속할약	약속할속	밟을 리	다닐 행	양식 량	곡식 곡	주관할관	다스릴리	좋을 량	약 약	쓸 고	입 구
糸—3획	木—3획	尸—12획	行—0획	米—12획	禾—10획	竹—8획	王—7획	艮—1획	艹—15획	艹—5획	口—0획

▶ 孟子曰「生亦我所欲也며 義亦我所欲也마는 二者를 不可得兼인대 舍生而取義者리라」
맹자께서 말씀하시기를 「삶도 내가 바라는 것이며 정의도 역시 내가 바라는 바이지만, 둘을 아울러 얻을 수 없다면 삶을 버리고 정의를 취하리라」 『孟子』

해 석

仰望終身: 일생을 존경하고 사모하며 내 몸을 의탁하는 일. 즉, 아내가 남편에 대해 하는 말.

愛憎厚薄: 사랑과 미움, 후함과 박함.

野蠻政策: 야만적인 수단으로 국민이나 식민지를 다스리는 정책.

約束履行: 어떠한 일에 관하여 미리 작정하고 실제로 행함.

糧穀管理: 식량의 생산·유통·소비에 관한 국가의 관리.

良藥苦口: 입에 쓴 약이 병에 잘 낫는다는 뜻으로, 충언(忠言)은 귀에 거슬리나 자신에게 이롭다는 말.

楊朱泣岐: 양주가 갈림길에서 욺. 즉, 마음먹기에 따라 선인도 악인도 됨.

諒解事項: 사정을 참작하여 잘 이해한 일의 조목.

養虎遺患: 호랑이를 길러 근심을 가진다는 뜻으로, 화근을 길러 근심을 산다는 말.

고사유래

玉石混淆: 옥과 돌이 서로 섞여 있다는 뜻으로서 좋은 사람과 나쁜 사람이 뒤섞여 있는 것을 비유한 말이다. 진나라 갈홍은 스스로 포박자라고 했는데 유학과 선도에 도가 통한 사람이다. 그의 저서 『포박자』에 당시의 시대상을 비평한 다음과 같은 기록이 있다. 「먼지도 쌓이게 되면 태산이 되고 많은 색이 모여 눈도 부시게 아름다움을 이루는 것을 모른다. 천박한 시부를 감상하는가 하면, 의의 깊은 자서를 가볍게 여겨 유익한 금언을 깔보거나 실이 없고 공허한 것을 그럴 듯하게 생각한다. 참됨과 거짓이 반대가 되고 옥과 돌이 혼효한다는 것으로 아악도 속악과 같이 보고 아름다운 옷이나 누더기 옷을 똑같은 것으로 생각하면서 모두들 태평스럽게 지내고 있는 것은 참으로 한탄스럽기 짝이 없다.」

楊	朱	泣	岐	諒	解	事	項
버들 양	붉을 주	울 읍	갈림길 기	살필 량	풀 해	일 사	조목 항
木—9획	木—2획	水—5획	山—4획	言—8획	角—6획	亅—7획	頁—3획

養	虎	遺	患	玉	石	混	淆
기를 양	범 호	남길 유	근심 환	구슬 옥	돌 석	섞을 혼	흐릴 효
食—6획	虍—2획	辶—12획	心—7획	玉—0획	石—0획	水—8획	水—8획

▷ 모양이 비슷한 한자

- 密(빽빽할 밀) 密集(밀집)
- 蜜(꿀 밀) 蜜蜂(밀봉)
- 薄(얇을 박) 薄福(박복)
- 簿(장부 부) 簿記(부기)
- 班(나눌 반) 班常(반상)
- 斑(얼룩질 반) 斑點(반점)

語	不	成	說	魚	泳	潭	低	抑	強	扶	弱
말씀 어	아니 불	이룰 성	말씀 설	물고기 어	헤엄칠 영	못 담	낮을 저	누를 억	굳셀 강	도울 부	약할 약
言—7획	一—3획	戈—3획	言—7획	魚—0획	水—5획	水—12획	人—5획	手—4획	弓—8획	手—4획	弓—7획

語不成說 (어불성설)
魚泳潭低 (어영담저)
抑強扶弱 (억강부약)

憶	昔	當	年	億	兆	蒼	生	焉	敢	生	心
생각할 억	옛 석	당할 당	해 년	억 억	조 조	우거질 창	살 생	어찌 언	감히 감	살 생	마음 심
心—13획	日—4획	田—8획	干—3획	人—13획	儿—4획	艸—10획	生—0획	火—7획	攴—8획	生—0획	心—0획

憶昔當年 (억석당년)
億兆蒼生 (억조창생)
焉敢生心 (언감생심)

▶ 孟子曰「夫義는 路也요 禮는 門也니 惟君子라야 能由是路하며 出入是門也니라」
맹자께서 말씀하시기를「무릇 義란 사람이 가야 할 길이요, 禮란 사람이 드나들어야 할 문이니, 오직 군자만이 이 길을 따라 갈 수 있고 이 문을 통하여 드나드느니라」『孟子』

해석

語不成說 : 말의 조리가 전혀 없음.
魚泳潭低 : 물고기가 못 밑에서 헤엄침.
抑强扶弱 : 강한 자를 누르고 약한 자를 도움.
憶昔當年 : 몇 해 전에 지난 일을 돌이켜 생각함.
億兆蒼生 : 수많은 백성.
焉敢生心 : 감히 그런 마음을 먹을 수도 없음.
餘暇活用 : 겨를을 헛되이 보내지 않고 보람 있게 씀.
旅客列車 : 여객 운송용의 열차.
輿論調査 : 자유로운 일반 대중 의사를 면접·질문서 등을 통해 조사함.

餘	暇	活	用	旅	客	列	車
남을 여	겨를 가	살 활	쓸 용	나그네 려	나그네 객	벌일 렬	수레 차
食-7획	日-9획	水-6획	用-0획	方-6획	宀-6획	刀-4획	車-0획

輿	論	調	査	臥	薪	嘗	膽
여럿 여	논의할 론	고를 조	조사할 사	누울 와	땔나무 신	맛볼 상	쓸개 담
車-10획	言-8획	言-8획	木-5획	臣-2획	艸-13획	口-11획	肉-13획

고사유래 臥薪嘗膽 : 섶에 눕고 쓸개를 맛본다는 뜻으로, ① 복수를 위해 갖은 고초를 다 겪는다는 것, ② 성공을 위하여 괴롭고 어려움을 참고 견디낸다는 말이다. 춘추시대 월나라에 패배한 오왕 합려는 태자인 부차에게 반드시 월나라에 복수하도록 당부하는 유언을 남기고 죽었다. 이리하여 부차는 잠잘 때는 장작개비를 깔고 그 위에 누워(와신) 잠으로써 부왕의 원한을 잊지 않도록 노력하였다. 이리하여 월왕 구천과 회계산에서 일대결전 끝에 철저히 격파하여 구천의 항복을 받았다. 그로부터 12년 동안 구천은 이 치욕을 설욕하고자 언제나 동물의 쓸개를 핥아 먹음으로써(상담) 복수심을 키웠다. 그리하여 충신 범려의 보좌로 오나라를 공략하여 끝내 부차를 죽이고 자신의 목적을 달성하였다.

▷ 모양이 비슷한 한자

頒(나눌 반) 頒布(반포)
頌(기릴 송) 頌歌(송가)

彷(배회할 방) 彷徨(방황)
防(막을 방) 防衛(방위)

俳(광대 배) 俳優(배우)
徘(머뭇거릴배) 徘徊(배회)

廬	山	眞	面	汝	牆	折	角	與	他	自	別
오두막집려	메 산	참 진	낯 면	너 여	담 장	꺾을 절	뿔 각	참여할여	남 타	스스로자	다를 별
广—16획	山—0획	目—5획	面—0획	水—3획	爿—13획	手—4획	角—0획	臼—7획	人—3획	自—0획	刀—5획

驛	馬	直	星	歷	史	悠	久	演	劇	鑑	賞
역 역	말 마	곧을 직	별 성	지낼 력	역사 사	멀 유	오랠 구	행할 연	연극 극	살필 감	즐길 상
馬—13획	馬—0획	目—3획	日—5획	止—12획	口—2획	心—7획	丿—2획	水—11획	刀—13획	金—14획	貝—8획

▶ 孟子曰「人性之善也는 猶水就下也니 人無有不善하며 水無有不下니라」
맹자께서 말씀하시기를 「사람의 본성이 선한 것은 마치 물이 아래로 내려감과 같은 것이니, 사람치고 선하지 않는 사람이 없으며, 물치고 아래로 내려가지 않는 물이 없느니라」 『孟子』

해 석

- 廬山眞面 : 사물의 진상이나 사람의 속셈을 잘 알 길이 없다는 말.
- 汝牆折角 : 남에게 책임을 지우기 위하여 억지 쓰는 말.
- 與他自別 : 남보다 사이가 유달리 가까운 일.
- 驛馬直星 : 늘 분주하게 여행하는 사람의 별명.
- 歷史悠久 : 지나온 역사가 멀고 오램.
- 演劇鑑賞 : 무대 예술인 연극을 감상함.
- 軟禁解除 : 신체의 자유는 속박하지 않고 다만 외부와의 연락을 금하거나 제한하는 것을 풀어줌.
- 連絡不絶 : 왕래가 잦아 끊이지 아니함.
- 燃眉之厄 : 썩 급히 닥치는 액화. 즉, 절박한 재액(災厄)을 비유한 말.

고사유래

遼東之豕 : 요동 지방의 돼지라는 뜻으로, 별로 이상하거나 대단하지도 않은 공을 가지고 자랑하는 어리석음을 가리켜 그것을 비웃을 때 쓰는 말이다. 『후한서』 '주부전'에 의하면 요동(지금의 요녕성 동남부 일대)에 사는 사람이 머리가 흰 돼지를 발견하고 매우 희귀한 종자라 생각하였다. 그래서 그것을 천자께 진상하고자 멀리 낙양을 향하여 그 돼지를 몰고 길을 떠났다. 만리장성을 넘고 하동(황하의 동쪽 지역) 땅에 이르러 보니 집집마다 키우는 돼지가 모두 흰 머리임을 보고 자기의 어리석음을 부끄러워하며 되돌아갔다고 한다.

軟禁解除 連絡不絶
- 軟 부드러울 연 車-4획
- 禁 금할 금 示-8획
- 解 풀 해 角-6획
- 除 덜 제 阜-7획
- 連 이을 련 辵-7획
- 絡 이을 락 糸-6획
- 不 아닐 부 一-3획
- 絶 끊을 절 糸-6획

燃眉之厄 遼東之豕
- 燃 불탈 연 火-12획
- 眉 눈썹 미 目-4획
- 之 어조사 지 丿-3획
- 厄 재앙 액 厂-2획
- 遼 멀 료 辵-12획
- 東 동녘 동 木-4획
- 之 어조사 지 丿-3획
- 豕 돼지 시 豕-0획

▷ 모양이 비슷한 한자

- 貧(가난할 빈)　貧富(빈부)
- 貪(탐할 탐)　貪慾(탐욕)
- 沙(물가 사)　沙工(사공)
- 砂(모래 사)　砂漠(사막)
- 唆(부추길 사)　示唆(시사)
- 俊(준걸 준)　俊傑(준걸)

憐	憫	催	淚	聯	邦	制	度	練	習	問	題
가련할련	가련할민	일어날최	눈물 루	연할 련	나라 방	법도 제	정도 도	익힐 련	익힐 습	물을 문	물을 제
心—12획	心—12획	人—11획	水—8획	耳—11획	邑—4획	刀—6획	广—6획	糸—9획	羽—5획	口—8획	頁—9획

沿	岸	漁	業	燕	然	勒	石	鉛	被	電	線
물좇을연	언덕 안	고기잡을어	업 업	잔치 연	그럴 연	새길 륵	돌 석	납 연	입을 피	전기 전	줄 선
水—5획	山—5획	水—11획	木—9획	火—12획	火—8획	力—9획	石—0획	金—5획	衣—5획	雨—5획	糸—9획

▶ 孟子曰「惟仁者라야 宜在高位니 不仁而在高位이면 是는 播其惡於衆也니라」
맹자께서 말씀하시기를 「오직 仁한 사람이라야 마땅히 높은 지위에 있어야 하나니 仁하지 못하면서 높은 지위에 있다면, 이는 그 악함을 민중에게 뿌리는 것이니라」 『孟子』

해 석

憐憫催淚 : 가련하고 불쌍한 생각이 나서 눈물을 흘리게 함.
聯邦制度 : 둘 이상의 독립 국가들이 연합하여 하나의 주권 국가를 이루는 정치 제도.
練習問題 : 학문이나 기예 등을 익히기 위하여 내는 문제.
沿岸漁業 : 해안에서 멀지 않은 곳에서 하는 어업.
燕然勒石 : 싸움에 이겨 그 공을 돌에 새김.
鉛被電線 : 도선을 고무나 피륙 등으로 싸고 다시 납을 씌운 전선.
熱帶氣候 : 연중 고온인 기후형의 하나.
劣等意識 : 모든 부문에서 자신이 남보다 열등하다고 믿는 의식.
拈華微笑 : 마음에서 마음으로 전하는 일.(＝以心傳心)

고사유래

遠交近攻 : 먼 곳에 있는 나라와는 친교를 맺고, 가까이에 있는 나라는 공략하라는 일종의 국책이다. 전국시대 진나라 소양왕 때 소양왕의 어머니 선태후의 동생인 양후는 재상의 지위로 천하를 호령하고 있었다. 어느 날 장록(원명은 범수)이 소양왕을 배알하러 궁궐로 가는 도중 소양왕의 행차를 만나 「진나라에는 태후·양후만 있을 뿐 대왕이 있느냐!」고 외쳐댔다. 소양왕은 가슴을 찌른 이 말에 장록의 가르침을 받고자 간청하였고 이에 장록은 「지금 임금께서 취할 방법으로는 먼데 있는 나라와 친교를 맺고 가까운데 있는 나라를 정벌한다는 원교근공책이 가장 이상적이고 실속있는 방도라 생각합니다.」라며 책략을 제시했다. 장록은 이 일로 나중에 재상에 임명되었는데 이후 원교근공책은 진나라의 국시로 되어 천하를 통일하는 지도 원리가 되었다.

熱 더울 열 火—11획
帶 띠 대 巾—8획
氣 기운 기 气—6획
候 철 후 人—8획
劣 못날 렬 力—4획
等 등급 등 竹—6획
意 뜻 의 心—9획
識 알 식 言—12획

拈 집을념(점) 手—5획
華 빛날 화 艸—8획
微 작을 미 彳—10획
笑 웃을 소 竹—4획
遠 멀 원 辵—10획
交 사귈 교 交—4획
近 가까울근 辵—4획
攻 공 공 攵—3획

▷ 모양이 비슷한 한자

- 史(사기 사) 歷史(역사) / 吏(벼슬아치리) 官吏(관리)
- 削(깎을 삭) 削除(삭제) / 消(씨없앨 소) 消費(소비)
- 塞(요새 새) 要塞(요새) / 寒(찰 한) 寒冷(한랭)

榮	枯	盛	衰	零	細	企	業	營	業	妨	害
영화 영	마를 고	성할 성	쇠할 쇠	작을 령	가늘 세	꾀할 기	업 업	경영할영	업 업	방해할방	해칠 해
木—10획	木—5획	皿—7획	衣—4획	雨—5획	糸—5획	人—4획	木—9획	火—13획	木—9획	女—4획	宀—7획

『맹자께서 말씀하시기를 「군자가 보통 사람과 다른 까닭은 그가 본심을 지니고 있기 때문이니, 군자는 仁을 마음에 지니고 禮를 마음에 지니고 있느니라」』

英	雄	豪	傑	豫	算	審	議	禮	義	凡	節
뛰어날영	뛰어날웅	뛰어날호	뛰어날걸	미리 예	셈할 산	살필 심	의논할의	예도 례	옳을 의	범상할범	절개 절
艸—5획	隹—4획	豕—7획	人—10획	豕—9획	竹—8획	宀—12획	言—13획	示—13획	羊—7획	几—1획	竹—9획

▶孟子曰「君子所以異於人者는 以其存心也니 君子는 以仁存心하며 以禮存必이니라」
맹자께서 말씀하시기를 「군자가 보통 사람과 다른 까닭은 그가 본심을 지니고 있기 때문이니, 군자는 仁을 마음에 지니고 禮를 마음에 지니고 있느니라」 『孟子』

五	更	燈	火	梧	桐	一	葉
다섯 오	시각 경(갱)	등잔 등	불 화	오동나무오	오동나무동	한 일	잎사귀엽
二-2획	曰-3획	火-12획	火-0획	木-7획	木-6획	一-0획	艸-9획

해 석

榮枯盛衰 : 성함과 쇠함. 개인, 사회 등의 발전과 쇠퇴가 일정하지 않음.

零細企業 : 경영규모가 작은 기업.

營業妨害 : 영리를 목적으로 행하는 사업을 못하게 함.

英雄豪傑 : 지혜와 용기가 뛰어난 사람과 지용이 뛰어나고 도량이 넓으며 기개가 있는 사람.

豫算審議 : 국회에서 예산을 확정하기 위하여 심의하는 일.

禮義凡節 : 일상 생활의 예의와 절차.

五更燈火 : 상오 3시부터 5시까지 등잔에 켜진 불.

梧桐一葉 : 오동나무의 한 잎이라는 뜻으로, 오동나무 잎 하나가 떨어짐으로써 가을이 온 것을 앎.

娛樂施設 : 즐겁게 놀 수 있도록 갖추어 베풀어 놓은 것.

娛	樂	施	設	危	於	累	卵
즐거워할오	즐길 락	베풀 시	베풀 설	위태할위	어조사어	여러 루	알 란
女-7획	木-11획	方-5획	言-4획	卩-4획	方-4획	糸-5획	卩-5획

고사유래 **危於累卵** : 계란을 쌓아 둔 것 같이 매우 위태위태하다는 말이다. 위나라의 가난한 집안에서 태어난 범수는 고향에서 중대부인 수가에게 고용되어 있었으나 그의 기분을 몹시 상하게 하여 측간에 갇히는 신세가 되었다. 간신히 도망친 범수는 장록이라 이름을 고치고 정안평이라는 사람과 당시 최강국인 진나라에 들어갈 것을 계획하던 중 정안평이 진나라 사신이 묵고 있는 객사로 찾아가 장록을 극찬하며 천거하자, 사신이 두 사람을 진나라로 데리고 가 왕에게 다음과 같이 천거하였다. 「위나라의 장록은 천하의 유능한 외교관입니다. 그는 진나라의 정치가 누란보다 위태롭다고 하면서 자기를 써준다면 안태할 것이라고 자찬하고 있으니 한번 시험해 주시기 바랍니다.」 장록, 즉 범수는 진왕에 의해 채용되었다. 그가 원교근공책을 진언해 큰 공을 세운 것은 그로부터 얼마 후의 일이다.

▷ 모양이 비슷한 한자

- 牲(희생 생) 犧牲(희생)
- 性(성품 성) 性格(성격)
- 暑(더울 서) 避暑(피서)
- 署(맡을 서) 部署(부서)
- 晳(밝을 석) 明晳(명석)
- 哲(밝을 철) 哲理(철리)

五	里	霧	中	吾	鼻	三	尺	烏	飛	梨	落
다섯 오	이수 리	안개 무	가운데 중	나 오	코 비	석 삼	자 척	까마귀 오	날 비	배 리	떨어질 락
二—2획	里—0획	雨—11획	丨—3획	口—4획	鼻—0획	一—2획	尸—1획	火—6획	飛—0획	木—7획	艸—9획

傲	霜	孤	節	五	寸	堂	姪	吳	下	阿	蒙
거만할 오	서리 상	외로울 고	절개 절	다섯 오	촌수 촌	집 당	조카 질	오나라 오	아래 하	언덕 아	어두울 몽
人—11획	雨—9획	子—5획	竹—9획	二—2획	寸—0획	土—8획	女—6획	口—4획	一—2획	阜—5획	艸—10획

▶ 君子有大道하니 必忠信以得之하고 驕泰以失之니라.
군자에게 큰 도가 있으니, 반드시 성실과 신의로써 이를 얻고, 교만함과 방자함으로써 이를 잃느니라. 『大學』

해 석

五里霧中 : 짙은 안개 속에서 길을 찾기 어려운 것처럼 무슨 일에 대하여 알 길이 없음을 일컫는 말.

吾鼻三尺 : 내 사정이 급해서 남을 돌볼 겨를이 없음.

烏飛梨落 : 우연한 일치로 남의 의심을 받게 됨을 비유한 말.

傲霜孤節 : 서릿발이 심한 속에서도 굴하지 않고 외로이 지키는 절개의 뜻으로, 국화를 비유하는 말.

五寸堂姪 : 자기 사촌의 아들딸.

吳下阿蒙 : 몇 해가 지나도 진취함이 없이 그냥 그 모양으로 있는 사람을 뜻하는 말.

烏合之卒 : 갑자기 모인 훈련 없는 군사.(=烏合之衆)

嗚呼痛哉 : 아아, 슬프고 원통하다.

屋上架屋 : 지붕 위에 지붕을 얹는다는 뜻으로, 있는 위에 무익하게 거듭함.

고사유래

一擧兩得 : 한 가지 일로써 두 가지 이득을 본다는 말로, 일석이조(一石二鳥)와 같은 뜻이다. 진나라 혜문왕 어전에서는 연형설로 유명한 장의와 사마착이 촉(사천성)으로 원정하는 것이 좋은지 나쁜지에 대하여 논쟁을 벌이고 있었다. 장의의 신중책과는 반대로 사마착은 적극론을 이렇게 폈다. 「원래 촉은 융적의 나라(미개한 나라)입니다. 이곳을 공략하여 병합하면 우리나라는 영토가 광대해지고 부도 많아집니다. 게다가 중원의 제후들도 융적을 토벌하는 데는 반대하지 않고 있습니다. 이렇게 하면 단번에 명실상부된 두 가지를 얻는 것이 됩니다.」 여기서 일거양득이란 말이 나왔다.

烏	合	之	卒	嗚	呼	痛	哉
까마귀오	합할 합	어조사지	군사 졸	탄식할오	부를 호	슬퍼할통	어조사재
火—6획	口—3획	丿—3획	十—6획	口—10획	口—5획	疒—7획	口—6획

屋	上	架	屋	一	擧	兩	得
지붕 옥	위 상	얽을 가	지붕 옥	한 일	들 거	두 량	얻을 득
尸—6획	一—2획	木—5획	尸—6획	一—0획	臼—11획	入—6획	彳—8획

▷ 모양이 비슷한 한자

- 帥(장수 수) 將帥(장수) / 師(스승 사) 師弟(사제)
- 侍(모실 시) 侍者(시자) / 待(기다릴 대) 待機(대기)
- 失(잃을 실) 失踪(실종) / 矢(화살 시) 弓矢(궁시)

溫	故	知	新	完	璧	歸	趙	曰	可	曰	否
익힐 온	옛 고	알 지	새 신	완전할 완	옥 벽	돌아올 귀	조나라 조	가로되 왈	옳을 가	가로되 왈	아닐 부
水—10획	攵—5획	矢—3획	斤—9획	宀—4획	玉—13획	止—14획	走—7획	日—0획	口—2획	日—0획	口—4획

王	妃	冊	封	外	柔	內	剛	腰	折	腹	痛
임금 왕	왕비 비	책서 책	봉할 봉	바깥 외	부드러울 유	안 내	굳셀 강	허리 요	꺾을 절	배 복	아플 통
王—0획	女—3획	冂—3획	寸—6획	夕—2획	木—5획	入—2획	刀—8획	肉—9획	手—4획	肉—9획	疒—7획

▶ 大學之道는 在明明德하며 在親(新)民하며 在止於至善이니라.
　大學의 길은 밝은 덕을 밝힘에 있으며, 백성을 새롭게 함에 있으며, 지극한 선에 머무름에 있느니라. 『大學』

해 석

溫故知新 : 옛것을 연구해 거기서 새로운 지식이나 도리를 발견함.
完璧歸趙 : 티끌만한 흠도 없는 훌륭한 상태를 말하고 그 훌륭한 것을 그대로 제자리에 되돌린다는 뜻.
曰可曰否 : 옳다거니 그르다거니 말함.
王妃册封 : 임금의 아내를 세워 봉함.
外柔內剛 : 겉은 부드럽고 순한 듯하나 속은 꿋꿋하고 곧음.
腰折腹痛 : 하도 우스워 허리가 부러질 듯하고 배가 아픈 듯함.
搖之不動 : 흔들어도 꼼짝 않음.
欲速不達 : 일을 속히 하려고 하면 오히려 못함.
龍頭蛇尾 : 용의 머리와 뱀의 꼬리라는 뜻으로, 처음은 왕성하나 끝이 부진한 형상을 비유한 말.

고사유래 — **一網打盡** : 그물을 던져 있는 고기 전부를 한번에 잡아내듯이, 사건에 관련된 일당의 무리를 한꺼번에 체포하거나 죄에 빠뜨린다는 말이다. 송나라의 인종은 외정은 볼것 없었지만 내정에서는 기록할 만한 업적이 많았다. 인종은 선정을 베풀고 학술을 크게 장려하였으며 조정은 현사로 가득차 「경력의 치」로 후세에 칭송되었다. 두연이라는 사람이 수상이 되었을 때 그는 성품이 강직하고 청렴결백한 사람으로 황제가 대신들의 자문을 거치지 않고 은소를 내리는 것을 못마땅한 관습이라 생각하여 황제의 은소가 내려도 중간에서 제멋대로 압살해버렸다. 그래서 조야로부터 비난의 대상이 되었는데 마침 사위인 소순흠이 많은 공금을 유용한 사건이 생겼다. 평소부터 두연의 시정방침에 불만을 품고 있던 왕공진이 군사를 이끌고 두연파를 모두 검거하고는 「나는 한 그물로 모두를 잡았다」고 손뼉을 치면서 좋아했다고 한다.

搖	之	不	動	欲	速	不	達
흔들 요	어조사 지	아닐 부	움직일 동	하고자할 욕	빠를 속	아닐 부	이를 달
手—10획	ノ—3획	一—3획	力—9획	欠—7획	辶—7획	一—3획	辶—9획

龍	頭	蛇	尾	一	網	打	盡
용 룡	머리 두	뱀 사	꼬리 미	한 일	그물질할 망	칠 타	다할 진
龍—0획	頁—7획	虫—5획	尸—4획	一—0획	糸—8획	手—2획	皿—9획

▷ 모양이 비슷한 한자

- 億(억 억) 億萬(억만) / 憶(생각할 억) 記憶(기억)
- 冶(쇠불릴 야) 冶金(야금) / 治(다스릴 치) 政治(정치)
- 壤(땅 양) 土壤(토양) / 壞(무너질 괴) 破壞(파괴)

龍	味	鳳	湯	勇	往	邁	進	容	恕	和	解
용 룡	맛 미	봉황 봉	끓일 탕	용감 용	갈 왕	갈 매	나아갈 진	담을 용	용서할 서	온화할 화	풀 해
龍—0획	口—5획	鳥—3획	水—9획	力—7획	彳—5획	辵—13획	辵—8획	宀—7획	心—6획	口—5획	角—6획

容	姿	端	麗	愚	公	移	山	愚	問	愚	答
얼굴 용	맵시 자	바를 단	고울 려	어리석을 우	그대 공	옮길 이	메 산	어리석을 우	물을 문	어리석을 우	대답할 답
宀—7획	女—6획	立—9획	鹿—8획	心—9획	八—2획	禾—6획	山—0획	心—9획	口—8획	心—9획	竹—6획

▶ 人이 莫知其子之惡하며 莫知其苗之碩이니라.
  사람들은 자기 자식의 악함을 알지 못하고, 자기 싹의 큼을 알지 못하느니라(즉, 인격의 수양이 없이는 공명정대함을 이루기 어렵다는 말). 『大學』

偶像崇拜 優勝劣敗

偶	像	崇	拜	優	勝	劣	敗
허수아비 우	형상 상	높일 숭	절 배	뛰어날 우	이길 승	못날 렬	패할 패
人—9획	人—12획	山—8획	手—5획	人—15획	力—10획	力—4획	攵—7획

尤而效之 一場春夢

尤	而	效	之	一	場	春	夢
탓할 우	말이을 이	본받을 효	어조사 지	한 일	마당 장	봄 춘	꿈 몽
尤—1획	而—0획	攵—6획	丿—3획	一—0획	土—9획	日—5획	夕—11획

해 석

龍味鳳湯: 맛이 매우 좋은 음식을 가리키는 말.
勇往邁進: 거리낌없이 용감히 나아감.
容恕和解: 관용을 베풀어 다툼질을 그치고 풂.
容姿端麗: 용모와 자태가 단정하고 아름다움.
愚公移山: 끊임없이 노력하면 마침내 성공한다는 뜻.
愚問愚答: 어리석은 질문에 어리석은 대답.
偶像崇拜: 우상 또는 우상적인 것을 종교적 대상으로서 숭배·존경함.
優勝劣敗: 우월한 자가 이기고 열등한 자가 지는 일.
尤而效之: 남의 과실을 나무라면서 자기도 그 과실을 저지름.

고사유래

一場春夢: 한바탕의 봄 꿈처럼 헛된 부귀영화를 말한다. 송나라 시대에 조금 시라는 학자가 『후청록』이란 선배 문인들의 사적을 기술한 책을 냈는데, 그 속에 다음과 같은 이야기가 실려 있다. 동파라고 하는 노인이 어느 날 큰 박을 등에 지고 들을 지나면서 혼자 싯귀를 흥얼거렸다. 그가 어느 만큼 이르렀을 때 나이 이미 칠십이 넘은 한 할멈을 만나게 되었다. 유유자적하게 걸어오는 동파를 본 그 할멈은 동파노인에게 탄식조로 말했다. 「내한(송나라 한림학사를 말하며 문필을 맡아 참의 간쟁을 하는 직)의 지나간 부귀영화는 한낱 일장춘몽에 지나지 않소!」 일장춘몽이란 성어는 여기서 따온 말로 인생의 부귀영화는 변화무쌍하여 마치 우리가 봄철에 아름다운 꿈을 꾼 것 같이 삽시간에 물거품으로 기억에서 사라진다는 뜻이다.

▷ 모양이 비슷한 한자

- 延(끌 연) 延期(연기)
- 廷(조정 정) 朝廷(조정)
- 衛(모실 위) 護衛(호위)
- 衙(마을 아) 官衙(관아)
- 唯(오직 유) 唯一(유일)
- 惟(생각할 유) 思惟(사유)

右	翼	政	黨	宇	宙	征	服	羽	化	登	仙
오른 우	날개 익	정사 정	무리 당	하늘 우	하늘 주	칠 정	복종할복	날개 우	될 화	오를 등	신선 선
口—2획	羽—11획	攵—5획	黑—8획	宀—3획	宀—5획	彳—5획	月—4획	羽—0획	匕—2획	癶—7획	人—3획

雲	泥	之	差	原	稿	執	筆	源	泉	課	稅
구름 운	진흙 니	어조사지	어긋날차	근원 원	원고 고	잡을 집	붓 필	근원 원	샘 천	부과할과	세금 세
雨—4획	水—5획	丿—3획	工—7획	厂—8획	禾—10획	土—8획	竹—6획	水—10획	水—5획	言—8획	禾—7획

▶ 物有本末하고 事有終始하나니 知所先後면 則近道矣니라.
모든 사물에는 근본과 말단이 있고, 모든 일에는 시작과 끝이 있나니, 그 먼저 할 바와 뒤에 할 바를 알면 도리에 가까우니라. 『大學』

해 석

右翼政黨: 보수적·국수적 요소를 지닌 정당.
宇宙征服: 우주를 인류의 복리를 위한 활동의 장소로 만드는 일.
羽化登仙: 사람이 날개가 돋쳐 하늘을 나는 신선이 됨.
雲泥之差: 썩 심한 차이를 이르는 말.
原稿執筆: 원고를 씀.
源泉課稅: 소득·수익을 종합하여 부과하지 않고 개별적으로 부과하는 소득세 과세 방법.
遠禍召福: 화를 멀리하고 복을 불러들임.
月刊雜誌: 매월 발행하는 잡지.
月明星稀: 달이 밝으니 별이 드물게 보임.

고사유래

一敗塗地: 여지없이 패배하여 다시 일어날 수가 없음을 이름. 진시황이 죽자 천하는 또다시 흔들리기 시작해 2세 황제 원년에는 벌써 진승이 의병을 일으켜 진의 통치에 반기를 들고 저항했고, 이것을 신호로 여러 지방에서 반란의 기치가 높이 올랐다. 장소성 패현에서는 유방이 많은 장병을 거느리고 큰 세력으로 커가고 있었다. 패현의 부로들은 자제들을 이끌고 봉기하여 현령을 죽이고 성문을 활짝 열어 유방을 현령으로 삼고자 했지만 유방은 이렇게 사양하였다. 「천하는 바야흐로 크게 흐트러지기 시작하여 각지에서 제후가 일어서고 있습니다. 이제 장수될 사람으로 가장 적절한 인물을 얻지 못하면 일패도지를 면치 못할 것입니다. 소인은 목숨을 아끼지는 않습니다만 능력이 부족해, 행여 부형님과 자제분들의 생명을 보전할 수 없지 않을까 염려하고 있으니 좀더 신중히 생각해서서 적임자를 선정해 주십시오.」

▷ 모양이 비슷한 한자

- 幼(어릴 유) 幼年(유년)
- 幻(미혹할 환) 幻想(환상)
- 凝(엉길 응) 凝固(응고)
- 擬(비길 의) 模擬(모의)
- 宜(마땅할 의) 便宜(편의)
- 宣(베풀 선) 宣傳(선전)

月	下	氷	人	慰	靈	塔	碑	違	法	行	爲
달 월	아래 하	얼음 빙	사람 인	위로할위	영혼 령	탑 탑	비석 비	어길 위	법 법	행할 행	할 위
月—0획	一—2획	水—1획	人—0획	心—11획	雨—16획	土—10획	石—8획	辵—9획	水—5획	行—0획	爪—8획

位	卑	言	高	偉	人	傳	記	衛	正	斥	邪
자리 위	낮을 비	말씀 언	높을 고	위대할위	사람 인	전할 전	적을 기	지킬 위	바를 정	물리칠척	간사할사
人—5획	十—6획	言—0획	高—0획	人—9획	人—0획	人—11획	言—3획	行—9획	止—1획	斤—1획	邑—4획

▶ 心不在焉이면 視而不見하며 聽而不聞하며 食而不知其味니라.
마음이 이에 있지 않으면 보아도 보이지 않으며, 들어도 들리지 않으며, 먹어도 그 맛을 모르느니라. 『大學』

해 석

- 月下氷人 : 결혼의 중매자라는 뜻.
- 慰靈塔碑 : 죽은 사람의 영혼을 위로하기 위하여 세운 탑과 비석.
- 違法行爲 : 법령에 위반된 행위.
- 位卑言高 : 낮은 지위에 있으면서 웃사람의 정치를 이렇다저렇다 비평함.
- 偉人傳記 : 동서 고금의 훌륭한 사람들의 업적 및 일화 등을 사실(史實)에 입각하여 적어 놓은 글.
- 衛正斥邪 : 조선 말기에 주자학을 지키고 천주교를 물리치자던 주장.
- 僞造貨幣 : 진짜와 비슷하게 만든 가짜 지폐.
- 幼年時節 : 어린 시절.
- 誘導訊問 : 예상한 죄상의 진술을 얻기 위해, 교묘한 질문으로 모르는 사이에 자백하도록 유도하는 신문.

偽造貨幣 幼年時節

僞	造	貨	幣	幼	年	時	節
거짓 위	지을 조	재화 화	돈 폐	어릴 유	나이 년	때 시	때 절
人—12획	辶—7획	貝—4획	巾—12획	幺—2획	干—3획	日—6획	竹—9획

誘導訊問 煮豆燃萁

誘	導	訊	問	煮	豆	燃	萁
꾈 유	이끌 도	물을 신	물을 문	삶을 자	콩 두	불탈 연	콩대 기
言—7획	寸—13획	言—3획	口—8획	火—9획	豆—0획	火—12획	艹—8획

고사유래

煮豆燃萁 : 콩깍지를 태워서 콩을 삶는다는 뜻으로, 형제끼리 미워하고 싸운다는 말이다. 한패끼리의 싸움을 뜻한다. 위나라의 두 아들 조비와 조식은 다같이 문학가로서 뛰어났지만 조조는 아우인 조식을 특히 사랑하여 형을 제쳐놓고 몇 번이고 태자로 책봉하려 했으나 결국 형인 조비가 왕의 자리를 물려받았다. 두 형제는 몹시 사이가 나빴는데 제위에 오른 조비는 사사건건 동생을 미워하고 트집을 잡으며 골탕을 먹였다. 하루는 자기가 일곱 발자국을 걷는 사이에 시 한 수를 짓지 못하면 중벌을 내리겠다고 하며 짧은 시간 내에 시 한 수를 짓게 했는데 이 시가 '자두연기'이다. 「콩깍지는 가마솥 밑에서 불타고, 본디 같은 뿌리에서 태어난 콩은 뜨거움에 견디지 못하고 가마솥 안에서 운다」는 귀절에서 형의 처사가 매우 괘씸하다는 기분이 잘 표현되어 있다.

▷ 모양이 비슷한 한자

- 姿(모양 자) 姿勢(자세)
- 恣(방자할 자) 恣意(자의)
- 刺(찌를 자) 刺客(자객)
- 剌(어그러질 랄) 潑剌(발랄)
- 裁(마를 재) 裁斷(재단)
- 栽(심을 재) 栽培(재배)

遺	留	金	品	流	水	不	腐	唯	我	獨	尊
남을 유	머무를 류	돈 금	물품 품	흐를 류	물 수	아닐 부	썩을 부	오직 유	나 아	홀로 독	높을 존
辶-12획	田-5획	金-0획	口-6획	水-7획	水-0획	一-3획	肉-8획	口-8획	戈-3획	犬-13획	寸-9획

▶ 言悖而出者는 亦悖而入하고 貨悖而入者는 亦悖而出이니라.
　말이 거슬리어 나간 것은 또한 거슬리어 들어오고, 재물이 거슬리어 들어온 것은 또한 거슬리어 나가느니라.
『大學』

愈	往	愈	甚	惟	正	之	貢	陸	稻	栽	培
더욱 유	갈 왕	더욱 유	심할 심	오직 유	바를 정	어조사 지	바칠 공	뭍 륙	벼 도	심을 재	북돋울 배
心-9획	彳-5획	心-9획	甘-4획	心-8획	止-1획	丿-3획	貝-3획	阜-8획	禾-10획	木-6획	土-8획

해　석

- 遺留金品 : 남겨 놓은 금품.
- 流水不腐 : 흐르는 물은 썩지 않는다는 뜻으로, 늘 운동하는 것은 썩지 않는다는 말.
- 唯我獨尊 : 세상에서 자기 혼자만이 잘났다고 하는 일.
- 愈往愈甚 : 갈수록 더욱 심함.
- 惟正之貢 : 해마다 의례로 궁중 및 서울의 고관에게 바치던 공물.
- 陸稻栽培 : 밭벼를 심어 가꿈.
- 六字念佛 : '나무아미타불'을 부르며 하는 염불.
- 輪禍續出 : 교통 사고가 잇대어 나옴.
- 栗谷全書 : 조선 순조 14년(1814)에 출판된 율곡 이이(李珥)의 전집.

六	字	念	佛	輪	禍	續	出
여섯 륙	글자 자	욀 념	부처 불	수레 륜	재앙 화	이을 속	나갈 출
八一2획	子一3획	心一4획	人一5획	車一8획	示一9획	糸一15획	山一3획

栗	谷	全	書	自	相	矛	盾
밤 률	골짜기 곡	온통 전	글 서	스스로 자	서로 상	창 모	방패 순
木一6획	谷一0획	入一4획	曰一6획	自一0획	目一4획	矛一0획	目一4획

고사유래

自相矛盾 : 말이나 행동이 이치에 어긋난다는 말이다. 춘추시대 초나라 사람이 방패와 창을 혼자서 함께 팔 때 선전하기를, 「이 방패는 하도 견고해서 어떠한 무기도 뚫지 못합니다.」고 말했다. 뒤이어 창을 집어들고는 「이 창의 예리함이란 실로 뚫지 못하는 것이 하나도 없습니다.」고 자랑삼아 늘어놓으면서 사라고 선전했다. 이 말을 듣고 있던 어떤 사람이 물었다. 「그렇다면 당신의 창으로 당신의 방패를 찌르면 어떻게 되오?」 이에 대해 그 장사꾼은 아무 말을 못했다고 한다.(＝矛盾)

▷ 모양이 비슷한 한자

- 載(실을　재)　記載(기재)
- 戴(받들　대)　推戴(추대)
- 低(낮을　저)　高低(고저)
- 抵(막을　저)　抵抗(저항)
- 折(꺾을　절)　骨折(골절)
- 析(쪼갤　석)　分析(분석)

隆	替	興	廢	乙	巳	條	約	音	韻	體	系
성할 륭	쇠퇴할체	일어날흥	폐할 폐	천간 을	지지 사	조목 조	약속할약	소리 음	운치 운	몸 체	끈 계
阜-9획	日-8획	臼-9획	广-12획	乙-0획	巳-0획	木-7획	糸-3획	音-0획	音-10획	骨-13획	糸-1획

音	響	效	果	飮	灰	洗	胃	邑	各	不	同
소리 음	울릴 향	효험 효	결과 과	마실 음	재 회	씻을 세	밥통 위	고을 읍	각각 각	아닐 부	한가지동
音-0획	音-13획	攵-6획	木-4획	食-4획	火-2획	水-6획	肉-5획	邑-0획	口-3획	一-3획	口-3획

▶ 好人之所惡하며 惡人之所好를 是謂拂人之性이니 菑必逮夫身이니라.
사람들이 미워하는 바를 좋아하고, 좋아하는 바를 미워하는 것, 이를 사람의 본성에 어긋난다고 이르거니와, 필히 재앙이 그 몸에 미치느니라. 『大學』

意識	改革	移動	警察
뜻 의 / 알 식	고칠 개 / 고칠 혁	옮길 이 / 움직일 동	경계할 경 / 살필 찰
心—9획 / 言—12획	攵—3획 / 革—0획	禾—6획 / 力—9획	言—13획 / 宀—11획

해 석

隆替興廢 : 성함과 쇠함과 흥함과 망함.

乙巳條約 : 구한말 광무 9년(1905)에 한국과 일본간에 맺은 조약.

音韻體系 : 한 언어가 지니는 음과 운 사이에 있는 일정한 유기적 체계.

音響效果 : 영화·텔레비전 등에 쓰는 의음(擬音)·모방음 등의 효과.

飮灰洗胃 : 재를 마시고 밥통을 씻음. 즉, 마음을 새로 다져 먹고 착한 길을 걸음의 비유.

邑各不同 : 규칙이나 풍속이 각 고을 마다 틀림.

意識改革 : 의식을 새롭게 뜯어 고침.

移動警察 : 열차·여객선 안의 범죄 사고를 단속하는 경찰.

異常暖冬 : 보통과 다른 따뜻한 겨울. 즉, 평년보다 따뜻한 겨울.

異常	暖冬	錢可	通神
다를 이 / 항상 상	따뜻할 난 / 겨울 동	돈 전 / 옳을 가	통할 통 / 귀신 신
田—6획 / 巾—8획	日—9획 / 冫—3획	金—8획 / 口—2획	辶—7획 / 示—5획

고사유래

錢可通神 : 돈이면 귀신도 통한다는 뜻으로, 돈의 힘은 일의 결과를 좌우하고 사람의 처지를 변화시킨다는 말이다. 당나라 사람 장연상은 경사를 많이 읽어 정치를 다스리는 일에 정통하였으므로 조정대신들의 칭찬이 자자했다. 그가 하남 부윤으로 있을 때 큰 사건을 맡아 처리하게 되었는데 관련된 고관이 무척 많았다. 그러나 그는 범인을 모조리 체포하도록 명령을 내렸다. 주위에서 만류하였지만 그는 더욱 강직하게 밀고 나갔다. 이튿날 공관 책상 위에 3만 관의 돈이 뇌물로 들어왔다. 그는 화를 내며 내동댕이쳤다. 그러나 다음날 책상 위에 10만 관의 뇌물이 바쳐지자 돈을 남몰래 받고는 사건을 무마시켰다. 훗날 그의 부하 직원이 묻자 그는 부끄러운 기색없이 자랑스레 말하였다. 「10만 관의 뇌물은 신선을 통하고도 남음이 있는 것으로 세상에는 만회하지 못할 일이 없네.」

▷ 모양이 비슷한 한자

- 齊(같을 제) 齊唱(제창) / 齋(재계 재) 齋戒(재계)
- 提(끌 제) 提供(제공) / 堤(막을 제) 堤防(제방)
- 爪(손톱 조) 爪牙(조아) / 瓜(오이 과) 瓜田(과전)

二	十	血	氣	利	潤	均	配	二	次	傳	令
두 이	열 십	피 혈	기운 기	이로울 리	윤택할 윤	고를 균	나눌 배	두 이	차례 차	전할 전	명령 령
二-0획	十-0획	血-0획	气-6획	刀-5획	水-12획	土-4획	酉-3획	二-0획	欠-2획	人-11획	人-3획

人	類	貢	獻	人	倫	大	事	因	循	姑	息
사람 인	무리 류	바칠 공	드릴 헌	사람 인	인륜 륜	클 대	일 사	까닭 인	좇을 순	잠시 고	숨쉴 식
人-0획	頁-10획	貝-3획	犬-16획	人-0획	人-8획	大-0획	亅-7획	囗-3획	彳-9획	女-5획	心-6획

▶ 湯之盤銘에 曰「苟日新이어든 日日新하고 又日新이니라」
탕왕의 반명에 이런 말이 있다.「진실로 하루가 새롭게 되거든 나날이 새롭게 하고, 또 날로 새롭게 하라」
『大學』

해석

- 二十血氣 : 20대의 왕성한 의기.
- 利潤均配 : 기업 경영을 통해 얻은 순소득을 고르게 나눔.
- 二次傳令 : 첫머리로부터 차례차례로 전함.
- 人類貢獻 : 온 인류의 발전에 이바지함.
- 人倫大事 : 인간 생활에 있어서 겪는 중대한 일.
- 因循姑息 : 구습을 안 고치고 눈앞의 편안함만 취함.
- 刃迎縷解 : 칼로 실을 끊듯이 이치를 분별함.
- 仁義禮智 : 사람이 갖추어야 할 마음가짐인 어짐과 의로움과 예의와 지혜.
- 因人成事 : 남의 힘으로 일을 이룸.

고사유래

輾轉反側 : 괴로운 나머지 몸을 이리저리 뒤척이며 도무지 잠을 이루지 못한다는 말로, 『시경』의 '관관저구'에 나오는 문구이다. 이 시는 성인으로 이름이 높은 주문왕과 그의 처 태사를 찬양한 것이라는 전설이 있다. 시에는 먼저 강의 모래톱에서 울고 있는 저구라는 물새를 노래한다.
시는 다음과 같이 계속된다.

> 올망졸망 마름풀 따려고
> 이리저리 찾는다
> 아리따운 아가씨
> 자나깨나 그리며
> 구해도 얻을 수 없어
> 자나깨나 그 생각뿐
> 끝없는 이 마음
> 잠못 이뤄 뒤치락거리네

한자 쓰기

刃	迎	縷	解	仁	義	禮	智
칼날 인	맞을 영	실 루	풀 해	어질 인	옳을 의	예도 례	슬기 지
刀―1획	辶―4획	糸―11획	角―6획	人―2획	羊―7획	示―13획	日―8획

因	人	成	事	輾	轉	反	側
까닭 인	사람 인	이룰 성	일 사	돌 전	옮길 전	돌이킬 반	곁 측
囗―3획	人―0획	戈―3획	亅―7획	車―10획	車―11획	又―2획	人―9획

▷ 모양이 비슷한 한자

- 早(일찍 조) 早朝(조조) / 旱(가물 한) 旱害(한해)
- 住(머무를 주) 住居(주거) / 往(갈 왕) 往來(왕래)
- 奏(아뢸 주) 奏樂(주악) / 秦(진나라 진) 秦鏡(진경)

부수로 배워보는 한자 7

갑골문 전문

풀이 꽁지가 짧은, 작은 새를 뜻한다. 鳥(조)는 隹에 비해 꽁지가 긴 새를 가리킨다.

[雅] 牙+隹
우아할(아)
원래는 갈가마귀를 뜻하였으나 그 배가 희고 입안 깊숙이에서 나오는 울음소리가 아름답다하여 '우아하다'란 뜻이 되었다. *우아(優雅).

[雀] 少+隹
참새(작)
작은 새라는 뜻에서 온 글자이다. *공작(孔雀).

[雄] 厷+隹
수컷(웅)
새 중에서도 발톱 힘이 강한 수컷이란 뜻이었으나 점차 모든 수컷을 일컫게 되었다. *웅장(雄壯).

갑골문 전문

풀이 실 중에서도 아주 가는 실을 꼰 형태를 가리킨다. 흔히 '실 사'라 이르나 이는 사(絲)의 속자(俗字)로 쓰일 때의 경우이고, 원래의 음은 '멱'이다. 부수로 쓰이면 실의 종류나 성질, 그리고 직물에 관계가 있는 뜻을 나타낸다.

[系] 丿+糸
이을(계)
糸에 한 획을 더해 손으로 실을 거는 모양을 본뜬 것으로, '실마디'란 뜻이다. 실마디는 이어진다 하여 '혈통, 계통'의 뜻도 있다. *계통(系統).

[約] 糸+勺
약속할(약)
실로 작은 매듭을 맺는다는 뜻으로, 맺는다는 데서 '약속'이란 뜻이 되었다. *약속(約束).

[紙] 糸+氏
종이(지)
씨(氏)는 나무의 뿌리가 땅으로 약간 나온 모양, 나무에서 나온 섬유질로 실 같이 얽히듯 하여 만든 '종이'라는 뜻이다. *지폐(紙弊).

부수로 배워보는 한자 8

갑골문 전문

풀이) 여자가 두 손을 얌전히 포개고 무릎을 꿇고 앉아 있는 모습을 본뜬 글자이다. 부수로 쓰여 여자의 심리 상태나 여성적인 사물을 나타낼 때 쓴다.

[妃] 女+己
왕비(비)
己(기)는 뱀이 몸을 구부리고 있는 것을 본뜬 것인데, 고대 중국에서는 비를 내리게 하는 신으로 숭상하였다 한다. 옛날에는 비의 신을 섬기는 여성이 왕비였으므로 女와 만나 왕비를 나타내게 되었다. *왕비(王妃).

[姑] 女+古
시어미(고)
오래된(古) 여자라는 뜻에서 시어머니를 가리킨다. *고부(姑婦).

*자전(字典)을 살펴보면 妨害(방해), 妄靈(망령), 嫉妬(질투), 奴婢(노비) 등 부정적인 뜻의 한자에 女가 들어간 경우를 많이 볼 수 있다. 이는 물론 사라져야 할 편견이지만, 과거의 여성에 대한 인식을 엿볼 수 있다.

갑골문 전문

풀이) 수+土+ﾉﾞ=金. 흙 속에 파묻혀 있는 금속을 나타낸다. 부수로 쓰여 금속의 종류나 성질, 금속으로 만든 것을 나타내는 글자를 만든다.

[釣] 金+勺
낚시(조)
勺(작)은 물건을 떠내는 국자를 그린 것이다. 釣는 '떠내다'의 뜻을 가지며, 물속에서 고기를 낚아올리는 '낚시'라는 뜻을 갖게 되었다. *조어(釣魚).

[銘] 金+名
새길(명)
철판이나 석판에 사람의 이름을 새긴다는 데서 '기록하다'란 뜻이 되었다. *명심(銘心).

[錢] 金+戔
돈(전)
戔(전)은 얇게 만들다란 뜻이다. 금속을 얇게 만들어 돈을 만들었으므로 이러한 뜻이 되었다. *전주(錢主).

寅	葬	卯	發	隣	接	區	域	姻	戚	關	係
지지 인	장사 장	지지 묘	떠날 발	이웃 린	맞을 접	구역 구	지경 역	혼인 인	친척 척	관계할 관	관계할 계
宀—8획	艹—9획	卩—3획	癶—7획	邑—12획	手—8획	匸—9획	土—8획	女—6획	戈—7획	門—11획	人—7획

一	鳴	警	人	一	蓮	托	生	一	葉	知	秋
한 일	울 명	깨우칠 경	사람 인	한 일	연 련	맡길 탁	살 생	한 일	잎사귀 엽	알 지	가을 추
一—0획	鳥—3획	言—13획	人—0획	一—0획	艹—11획	手—3획	生—0획	一—0획	艹—9획	矢—3획	禾—4획

▶ 曾子曰「十目所視며 十手所指니 其嚴乎인저」
증자께서 말씀하시기를「열 눈이 보는 바이며 열 손이 가리키는 바이니, 이에 자신의 행동을 삼가고 두려워할지로다!」『大學』

해 석

- **寅葬卯發** : 장사지낸 뒤 곧 복을 받음.
- **隣接區域** : 이웃하여 있는, 일정한 기준에 의해 구분된 지역.
- **姻戚關係** : 혼인을 통해서 맺어진 친척 관계. 즉, 외가와 처가의 관계.
- **一鳴警人** : 한번 시작하면 사람을 놀랠 정도의 대사업을 이룩한다는 뜻.
- **一蓮托生** : 좋든 나쁘든 행동·운명을 같이함.
- **一葉知秋** : 한 가지 일을 보고 장차 될 사물을 미리 짐작함.
- **一箭雙鵰** : 화살 하나로 수리 두 마리를 떨어뜨림. 즉, 한 가지 일로 두 가지 이득을 취함.(＝一石二鳥)
- **壹倡三歎** : 한 사람이 부르고 세 사람이 도와 부름. 즉, 훌륭한 시문을 칭찬할 때 쓰는 말.
- **一觸卽發** : 조금만 닿아도 곧 폭발할 것 같은 몹시 위험한 상태를 이름.

[고사유래] 前車可鑑 : 앞의 실수를 거울로 삼는다는 말이다. 서한 시대에 뛰어난 명신 가의라는 인재가 있었는데 그는 낙양 사람으로 일찍이 18세 때 시문에 능통하였다. 하남의 태수 오공이 그를 문하로 불러들였는데 소문이 조정에까지 퍼져 문제가 그를 불렀고 나이 31세에 박사 칭호를 받았다. 그는 정치를 함에 있어 지난 역사를 샅샅이 헤아려 거울로 삼고 제후의 힘을 쪼개고 백성의 힘을 키워서 바른 길을 닦아야 한다고 하였다. 그 가운데 다음과 같은 귀절이 있다. 「앞서 가던 차의 전복된 바퀴 자국은 뒤따라 가는 차에게는 좋은 귀감이 된다. 앞서 간 시대의 교훈을 배우지 못하는 사람은 성현의 가르침에 반역하는 자로서 이러한 자가 오래 지탱할 도리가 없다.」 문제는 가의의 말에 감탄하여 실천에 옮김으로써 나라는 점점 살기 좋아졌다.

▷ 모양이 비슷한 한자
- 晝(낮 주) 晝夜(주야) / 畵(그림 화) 畵家(화가)
- 衆(무리 중) 群衆(군중) / 象(코끼리 상) 巨象(거상)
- 汁(국물 즙) 墨汁(묵즙) / 什(열사람 십) 什長(십장)

一	片	丹	心	臨	床	實	驗	壬	辰	倭	亂
한 일	조각 편	붉을 단	마음 심	다다를림	평상 상	참으로실	시험할험	천간 임	지지 진	나라이름왜	어지러울란
一-0획	片-0획	﹅-3획	心-0획	臣-11획	广-4획	宀-11획	馬-13획	士-1획	辰-0획	人-8획	乙-12획

任	賢	勿	貳	刺	客	奸	人	慈	悲	忍	辱
맡길임	어질현	말 물	두 이	찌를자	나그네객	간음할간	사람 인	사랑 자	슬플비	참을인	욕 욕
人-4획	貝-8획	勹-2획	貝-5획	刀-6획	宀-6획	女-3획	人-0획	心-9획	心-8획	心-3획	辰-3획

▶子曰「道不遠人이니 人之爲道而遠人이면 不可以爲道니라」
 공자께서 말씀하시기를「道는 사람에게서 멀지 않은 법이니, 사람이 道를 행하되 사람에게서 멀리한다면 이를 道라 할 수 없느니라」『中庸』

해석

- **一片丹心** : 한 조각 붉은 마음. 즉, 한결같은 참된 정성.
- **臨床實驗** : 직접 환자 곁에서 그 질환의 진단·치료 등을 실험하는 일.
- **壬辰倭亂** : 조선 선조 25년(1592)에 일본의 도요토미 히데요시가 15만 대군을 보내어 조선에 침입한 난리.
- **任賢勿貳** : 어진이에게 맡겨 의심하지 말라.
- **刺客奸人** : 마음씨가 몹시 모진 사람.
- **慈悲忍辱** : 보살이 중생을 구하기 위해 자비심으로 고난을 참고 견디는 일.
- **自我陶醉** : 자기 스스로 어떤 것에 마음이 끌려 취하다시피 됨.
- **自願奉仕** : 자진해서 남을 위하여 자기를 돌보지 않고 노력함.
- **雌雄異株** : 암꽃과 수꽃이 각각 다른 그루에 있는 일, 또는 그 식물.

고사유래

井中之蛙 : 우물 안의 개구리라는 말로, 넓은 세상의 형편을 모름을 뜻한다. 『후한서』 '마원전'에도 나오지만 『장자』에 나오는 우화 한 토막을 소개한다. 무너져서 사람들이 먹지 않게 된 낡은 우물 안에 개구리가 한 마리 살고 있었는데, 어느 날 황해 바다 큰 거북에게 자랑스레 말했다. 「나는 정말 행복하다네. 이 우물 안의 물은 모두 내 것이고 내 마음대로 할 수 있다네. 자네도 들어와서 살아보지 않겠나.」 거북은 이 말을 듣고 우물 안에 발을 들여놓아 보았으나 흙이 발에 묻고 물도 썩어 냄새가 고약하였다. 거북은 점잖게 말했다. 「바다는 황하의 큰 홍수나 큰 가뭄 때에도 결코 물이 불어나거나 줄어들지 않을 만큼 넓고 깊다네. 그런 큰 바다에 사는 일이야말로 정말 즐거운 것이라네.」 이 말을 듣고 그 개구리는 정신이 아찔해졌다.

▷ 모양이 비슷한 한자

- 捉(잡을 착) / 促(재촉할 촉) 捕捉(포착) / 督促(독촉)
- 天(하늘 천) / 夭(일찍죽을요) 天地(천지) / 夭折(요절)
- 賤(천할 천) / 踐(밟을 천) 賤民(천민) / 實踐(실천)

自	暴	自	棄	昨	非	今	是	作	舍	道	傍
스스로 자	사나울 포	스스로 자	버릴 기	지날 작	그를 비	이제 금	옳을 시	지을 작	집 사	길 도	곁 방
自－0획	日－11획	自－0획	木－8획	日－5획	非－0획	人－2획	日－5획	人－5획	舌－2획	辶－9획	人－10획

暫	勞	永	逸	潛	伏	藏	匿	蠶	絲	牛	毛
잠깐 잠	수고로울 로	길 영	편안할 일	숨길 잠	엎드릴 복	감출 장	숨을 닉	누에 잠	실 사	소 우	털 모
日－11획	力－10획	水－1획	辶－8획	水－12획	人－4획	艹－14획	匚－9획	虫－18획	糸－6획	牛－0획	毛－0획

▶ 仲尼曰「君子는 中庸이요 小人은 反中庸이니라」
  중니께서 말씀하시기를 「군자는 중용에 따라 실천하지만, 소인은 중용을 거스르느니라」 『中庸』

해 석

自暴自棄 : 실망·불만 등으로 자기 형편·전도를 파괴하고 돌보지 않음.

昨非今是 : 경우가 일변(一變)하여, 전날에 비(非)라고 생각한 일이 오늘날에는 시(是)라고 생각하게 됨.

作舍道傍 : 어떤 이론이 많아서 얼른 결정 못함을 이르는 말.

暫勞永逸 : 젊어서 일한 보람은 죽을 때까지도 나타난다는 뜻.

潛伏藏匿 : 행방을 감추어, 남이 그 소재를 모르게 함.

蠶絲牛毛 : 일의 가닥이 지지분하고도 어수선함을 비유한 말.

帳簿對照 : 장부를 서로 맞추어 봄.

葬玉埋香 : 옥을 장사지내고 향기를 묻음. 즉, 미인을 매장하는 일.

莊周之夢 : 장자 사상의 근본이 되는 말로, 나와 외물(外物)은 본디 하나라는 이치를 설명하는 말.

고사유래

糟糠之妻 : 조는 술지게미이고, 강은 쌀겨로서 조강지처라 함은 술지게미와 쌀겨를 먹을 만큼 구차하고 가난한 살림을 하면서도 남편을 뒷바라지하여 크게 성공시킨 아내라는 뜻이다. 후한 광무제의 누님으로서 미망인인 호양공주는 대사공(법무대신)인 송홍에게 은근히 마음을 두고 있었다. 그래서 광무제는 송홍을 불러 그의 의중을 떠보았다. 「신분이 높아지면 벗을 바꾸고 돈이 생기면 처를 바꾼다는 속담이 있는데 귀공은 어떻게 생각하오?」 송홍이 대답하였다. 「천한 몸으로 가난하게 지내던 세월에 사귄 친구는 잊어서는 안되며, 근심과 재앙을 같이 맛본 아내는 헤어질 수가 없는 것이라 생각합니다.」 광무제는 후에 자기 누이에게 이렇게 말했다. 「누님의 뜻은 이루어질 것 같지가 않소이다.」

▷ 모양이 비슷한 한자

{ 逐(쫓을 축) 逐條(축조)
{ 遂(이룰 수) 遂行(수행)

{ 衷(마음 충) 衷情(충정)
{ 喪(상사 상) 喪服(상복)

{ 側(곁 측) 側近(측근)
{ 測(잴 측) 測量(측량)

才	德	兼	備	財	産	寄	贈	財	在	勤	矣
재주 재	품행 덕	겸할 겸	갖출 비	재물 재	생산할 산	줄 기	줄 증	재물 재	있을 재	부지런할 근	어조사 의
才-0획	彳-12획	八-8획	人-10획	貝-3획	生-6획	宀-8획	貝-12획	貝-3획	土-3획	力-11획	矢-2획

裁	判	法	廷	著	述	刊	行	貯	蓄	奬	勵
결단할 재	판단할 판	법 법	조정 정	나타날 저	지을 술	책펴낼 간	행할 행	쌓을 저	쌓을 축	권면할 장	힘쓸 려
衣-6획	刀-5획	水-5획	廴-4획	艸-9획	辶-5획	刀-3획	行-0획	貝-5획	艸-10획	大-11획	力-15획

▶ 君子之道는 辟如行遠必自邇하여 辟如登高必自卑니라.
군자의 道는 마치 멀리 감도 반드시 가까운 데서부터 시작됨과 같으며, 비유컨대 높이 오름도 반드시 낮은 데서부터 시작됨과 같으니라. 『中庸』

해 석

- 才德兼備 : 재주와 덕을 두루 갖춤.
- 財産寄贈 : 재산을 내놓아 증정함.
- 財在勤矣 : 재물은 부지런함에 있다. 즉, 재물은 부지런하게 일함으로써 얻을 수 있다는 말.
- 裁判法廷 : 옳고 그름을 법으로 헤아려 판단하는 곳.
- 著述刊行 : 문예 작품이나 학술 논문 등을 책으로 만들어 펴냄.
- 貯蓄獎勵 : 저축하는 것을 권하여 힘쓰게 함.
- 抵抗歌謠 : 반체제적인 주장이나 항의를 가사에 넣어 듣는 이에게 호소하려는 노래.
- 賊反荷杖 : 잘못한 사람이 오히려 잘한 사람을 나무라는 경우에 쓰는 말.
- 積如丘山 : 산더미처럼 많이 쌓여 있음.

抵	抗	歌	謠	賊	反	荷	杖
맞닥뜨릴저	대항할항	노래 가	노래 요	도둑 적	돌이킬반	멜 하	지팡이장
手—5획	手—4획	欠—10획	言—10획	貝—6획	又—2획	艸—7획	木—3획

積	如	丘	山	朝	三	暮	四
쌓을 적	같을 여	언덕 구	메 산	아침 조	석 삼	저물 모	넉 사
禾—11획	女—3획	一—4획	山—0획	月—8획	一—2획	日—11획	口—2획

고사유래

朝三暮四 : 어리석은 사람들을 잔꾀로 농락하는 것을 말한다. 송나라에 저공이라는 사람이 있었다. 저는 팔이 긴 원숭이를 말한다. 그는 그의 이름과 마찬가지로 원숭이를 좋아하여 원숭이의 마음도 알게 되었거니와, 원숭이도 그의 말을 알아들을 정도였다. 그러나 원숭이 숫자가 늘어나자 사육비도 많이 들었으므로 부득이 먹이의 양을 줄이지 않을 수가 없었다. 그래서 원숭이들에게 이렇게 물었다. 「너희들에게 주는 도토리를 이제부터는 아침에 세 알, 저녁에 네 알씩 주기로 하면 어떠냐?」 이 말을 들은 원숭이들은 모두 일어나 적다고 화를 내었다. 그래서 저공이 다시 물었다. 「그럼 이렇게 하자. 아침에 네 알, 저녁에 세 알씩 주기로 하면 어떠냐?」 이 말을 들은 원숭이들은 이에 만족하여 모두 기뻐하였다.

▶ 모양이 비슷한 한자

- 奪(빼앗을 탈) 奪取(탈취)
- 奮(떨칠 분)   奮發(분발)
- 特(유다를 특) 特別(특별)
- 持(가질 지)   持論(지론)
- 偏(치우칠 편) 偏在(편재)
- 編(엮을 편)   編輯(편집)

適	宜	處	理	敵	陣	攻	略	展	覽	會	場
알맞을적	마땅할의	정할 처	다스릴리	원수 적	진 진	칠 공	다스릴략	펼 전	볼 람	모일 회	마당 장
辶—11획	宀—5획	虍—5획	王—7획	攵—11획	阜—7획	攵—3획	田—6획	尸—7획	見—14획	曰—9획	土—9획

▶ 博學之하며 審問之하며 愼思之하며 明辨之하며 篤行之니라.
(道를) 널리 배우며, 자세히 물으며, 신중히 생각하며, 명백히 분별하며, 독실히 행할지니라. 『中庸』

專	心	致	志	傳	統	繼	承	切	嗟	琢	磨
오로지전	마음 심	드릴 치	뜻 지	전할 전	계통 통	이을 계	이을 승	벨 절	탄식할차	쪼을 탁	갈 마
寸—8획	心—0획	至—3획	心—3획	人—11획	糸—5획	糸—14획	手—4획	刀—2획	口—10획	王—8획	石—11획

해　석

適宜處理 : 어떤 일을 알맞고 마땅하게 정리하여 치우거나 결말을 지음.
敵陣攻略 : 적의 진지를 공격해 뺏음.
展覽會場 : 전람회를 여는 장소.
專心致志 : 딴 생각은 않고 오로지 그 일에만 마음을 씀.
傳統繼承 : 전통을 잘 지켜 이어나감.
切嗟琢磨 : 학문이나 인격을 수련 연마함을 이르는 말.
絕海孤島 : 뭍에서 멀리 떨어진 외딴 섬.
占領抑壓 : 무력으로 일정한 지역을 차지하여, 백성의 자유를 구속하고 내리누르는 일.
漸入佳境 : 차차 재미있는 경지로 들어감.

絕海孤島
- 絕 떨어질절 糸—6획
- 海 바다 해 水—7획
- 孤 외로울고 子—5획
- 島 섬 도 山—7획

占領抑壓
- 占 차지할점 卜—3획
- 領 거느릴령 頁—5획
- 抑 누를 억 手—4획
- 壓 누를 압 土—14획

漸入佳境
- 漸 점점 점 水—11획
- 入 들 입 入—0획
- 佳 좋을 가 人—6획
- 境 지경 경 土—11획

竹馬之好
- 竹 대 죽 竹—0획
- 馬 말 마 馬—0획
- 之 어조사지 ノ—3획
- 好 좋을 호 女—3획

고사유래 **竹馬之好** : 대나무를 마치 말처럼 사타구니에 끼고 뛰어다니며 놀던 때의 친구로서 어릴 때부터 다정하고 친하게 지내온 친구라는 뜻이다. 진나라의 환온이 권세를 휘두를 무렵 간문제는 은호를 조정에 불러들이고자 했지만 번번이 거절해 양주척사라는 높은 벼슬을 주자 겨우 응락하였다. 은호는 현인으로 재능이 있었지만 전쟁터에서는 연전연패해, 이를 두고 보던 환온은 평민신분으로 격하하여 유형을 보냈다. 후에 환온이 상서령으로 삼고자 은호에게 편지를 보냈는데 은호는 답장을 써서 잘못이 없도록 살펴보고자 수십 번이나 봉투에 넣었다 뺐다 하는 바람에 그만 빈 봉투만 보냈다. 환온은 크게 노했고 은호는 유배지에서 죽었다. 그가 죽자 환온이 이렇게 그를 평했다. 「나는 어릴 때 은호와 함께 자라면서 죽마를 타고 놀았다. 내가 타던 죽마를 버리면 그는 언제나 그것을 가지고 놀았다. 그러니 그가 내 밑에서 노는 것이 당연하다.」

▷ 모양이 비슷한 한자
- 閉(닫을 폐) 閉門(폐문)
- 閑(한가할 한) 閑散(한산)
- 捕(잡을 포) 捕獲(포획)
- 鋪(펼 포) 鋪裝(포장)
- 乏(다할 핍) 缺乏(결핍)
- 之(갈 지) 之無(지무)

丁	卯	胡	亂	頂	上	挑	戰	情	狀	參	酌
천간 정	지지 묘	오랑캐 호	어지러울 란	정수리 정	위 상	돋울 도	싸움 전	사정 정	형상 상	참여할 참	짐작할 작
一—1획	卩—3획	肉—5획	乙—12획	頁—2획	一—2획	手—6획	戈—12획	心—8획	犬—4획	厶—9획	酉—3획

淨	松	汚	竹	正	月	元	旦	正	義	實	現
깨끗할 정	소나무 송	더러울 오	대 죽	바를 정	달 월	으뜸 원	아침 단	바를 정	옳을 의	열매 실	나타날 현
水—8획	木—4획	水—3획	竹—0획	止—1획	月—0획	儿—2획	日—1획	止—1획	羊—7획	宀—11획	王—7획

▶ 忠恕는 違道不遠하니 施諸己而不願을 亦勿施於人이니라.
충서(忠恕)는 道에서 멀리 어긋난 것이 아니니, 자기에게 베풀어지기를 바라지 않는 것은, 역시 남에게도 베풀지 말아야 하느니라. 『中庸』

亭	子	建	立	堤	防	構	築
정자 정	어조사 자	세울 건	설 립	방죽 제	막을 방	얽을 구	쌓을 축
ㅗ―7획	子―0획	廴―6획	立―0획	土―9획	阜―4획	木―10획	竹―10획

해 석

- **丁卯胡亂** : 조선 인조 5년(1627)에 후금이 우리 나라를 치기 위하여 3만여 군대를 이끌고 침입한 난.
- **頂上挑戰** : 최상을 향해 맞섬.
- **情狀參酌** : 법관이 범행 동기, 기타 정상을 참작하여 형벌을 경감함.
- **淨松汚竹** : 깨끗한 땅에는 소나무를, 지저분한 땅에는 대나무를 심음.
- **正月元旦** : 그 해, 그 달, 그 날, 정월 초하룻날의 아침.
- **正義實現** : 정의를 실제로 나타나게 함.
- **亭子建立** : 정자를 세움.
- **堤防構築** : 홍수의 예방이나 저수(貯水)를 위해 둑을 만듦.
- **諸般試鍊** : 여러 가지의 시험하는 단련.

諸	般	試	鍊	舐	犢	情	深
모든 제	일반 반	시험할 시	단련할 련	핥을 지	송아지 독	뜻 정	깊을 심
言―9획	舟―4획	言―6획	金―9획	舌―4획	牛―15획	心―8획	水―8획

고사유래

舐犢情深 : 어미소가 송아지를 핥아서 귀여워하듯이 어버이의 사랑은 맹목적이고 그만큼 깊다는 뜻이다. 동한 시대에 양수라고 하는 사람이 있었는데 학식이 해박하고 재주와 지혜가 뛰어나 조조의 주부 벼슬도 했다. 그는 매우 총명하여 조조의 뜻을 잘 헤아리고 처신을 잘 하였으나 오히려 그 때문에 조조는 속으로 시기를 하였다. 조조가 한중에서 유비의 대군과 치열한 싸움을 하던 중 한중을 계륵에 비유하자, 그 뜻을 알아차린 양수에게 시기와 분노를 참지 못해 군심을 어지럽혔다는 죄명으로 죽여버렸다. 그의 나이 34세였다. 조조가 허창으로 돌아와 양수의 부친 양표를 만나자 양표는 다음과 같이 말했다. 「저는 긴 안목이 없는 것을 부끄럽게 여기고 늙은 어미소가 송아지를 핥아 주는 깊은 사랑이 없었던 것을 한탄할 뿐입니다.」

▷ 모양이 비슷한 한자

- 限(지경 한) 期限(기한)
- 恨(한할 한) 怨恨(원한)
- 項(목 항) 項目(항목)
- 頃(잠깐 경) 頃刻(경각)
- 鄕(마을 향) 鄕里(향리)
- 卿(벼슬 경) 卿相(경상)

制	御	裝	置	諸	侯	割	據	早	起	淸	掃
억제할제	막을 어	꾸밀 장	둘 치	모든 제	제후 후	나눌 할	웅거할거	일찍 조	일어날기	맑을 청	쓸 소
刀—6획	彳—8획	衣—7획	皿—8획	言—9획	人—7획	刀—10획	手—13획	日—2획	走—3획	水—8획	手—8획

朝	變	夕	改	租	稅	負	擔	鐘	路	決	杖
아침 조	변할 변	저녁 석	고칠 개	세금 조	세금 세	짐질 부	멜 담	쇠북 종	길 로	정할 결	지팡이장
月—8획	言—16획	夕—0획	攴—3획	禾—5획	禾—7획	貝—2획	手—13획	金—12획	足—6획	水—4획	木—3획

▶ 人一能之어든 己百之하며 人十能之어든 己千之니라.
　남이 한 번에 능히 하거든 나는 백 번을 하고, 남이 열 번에 능히 하거든 나는 천 번을 할지니라. 『中庸』

해 석

- 制御裝置 : 컴퓨터에서 입력·기억·연산·출력을 통제하는 장치.
- 諸侯割據 : 제후가 땅을 나누어 웅거함.
- 早起淸掃 : 아침 일찍 일어나 청소함.
- 朝變夕改 : 아침저녁으로 뜯어 고침.
- 租稅負擔 : 소득에 대한 세금을 책임짐.
- 鐘路決杖 : 사람 왕래가 많은 종로에서 뇌물을 받은 관리를 볼기치던 일.
- 宗廟社稷 : 왕실과 나라를 아울러 이르는 말.
- 縱橫無盡 : 자유자재하여 끝이 없는 상태.
- 座見千里 : 멀리 앞을 내다봄.

고사유래

指鹿爲馬 : 사슴을 가리켜 말이라고 우겨댄다는 뜻으로 웃사람을 농락하여 권세를 마음대로 하는 것을 가리키는 말이다. 권세와 영화를 누리던 진시황이 죽고 환관인 조고의 책략으로 진시황의 유언에 위배되게 나이 어린 호해가 2세 황제에 올랐다. 조고는 커다란 야심을 품고 어리석은 황제를 교묘히 조정하여 중신과 명장들을 모조리 죽이고 명재상 이사까지 내쫓고 재상에 앉아 스스로 황제가 되려는 책략을 꾸미고 있었다. 어느 날 그는 고관대작들의 의향을 시험하고자 황제에게 사슴을 바치고는 「말을 바친다」고 하자 이상하게 여긴 황제는 좌우의 신하들에게 이것이 말이냐 사슴이냐 하고 물었다. 좌우에서는 조고에게 아첨하여 말이라고 대답하는 자가 있는가 하면 사슴이라고 직언한 사람, 아무런 말도 하지 않는 사람도 있었다. 조고는 후에 사슴이라 직언한 사람들을 똑똑히 기억해 두었다가 무고한 죄를 뒤집어씌워 모두 처형해 버렸다.

宗廟社稷 縱橫無盡

宗	廟	社	稷	縱	橫	無	盡
종묘 종	사당 묘	단체 사	곡신 직	세로 종	가로 횡	없을 무	다할 진
宀—5획	广—12획	示—3획	禾—10획	糸—11획	木—12획	火—8획	皿—9획

座見千里 指鹿爲馬

座	見	千	里	指	鹿	爲	馬
자리 좌	볼 견	일천 천	이수 리	가리킬 지	사슴 록	할 위	말 마
广—7획	見—0획	十—1획	里—0획	手—6획	鹿—0획	爪—8획	馬—0획

▷ 모양이 비슷한 한자

- 險(험할 험) / 儉(검소할 검) — 險難(험난) / 儉素(검소)
- 亨(형통할 형) / 享(누릴 향) — 亨通(형통) / 享樂(향락)
- 互(서로 호) / 瓦(기와 와) — 相互(상호) / 瓦家(와가)

坐	井	觀	天	左	衝	右	突	晝	耕	夜	讀
앉을 좌	우물 정	볼 관	하늘 천	왼 좌	부딪칠 충	오른 우	부딪칠 돌	낮 주	밭갈 경	밤 야	읽을 독
土―4획	二―2획	見―18획	大―1획	工―2획	行―9획	口―2획	穴―4획	日―7획	耒―4획	夕―5획	言―15획

走	馬	看	山	柱	石	之	臣	住	宅	團	地
달릴 주	말 마	볼 간	메 산	기둥 주	돌 석	어조사 지	신하 신	살 주	집 택	모임 단	땅 지
走―0획	馬―0획	目―4획	山―0획	木―5획	石―0획	丿―3획	臣―0획	人―5획	宀―3획	囗―11획	土―3획

▶ 天命之謂性이요 率性之謂道요 修道之謂敎니라.
하늘이 명해 준 것을 본성(本性)이라 하고, 본성에 따름을 도(道)라 하고, 도를 마름한 것을 가르침이라 하느니라. 『中庸』

해　석

- 坐井觀天 : 우물 안의 개구리라는 뜻으로, 견문이 썩 좁음을 이르는 말.
- 左衝右突 : 이리저리 닥치는 대로 마구 치고받고 함.
- 晝耕夜讀 : 낮에는 농사 짓고 밤에는 글을 읽음.
- 走馬看山 : 바쁘고 어수선하여 되는 대로 획획 지나쳐 봄의 비유.
- 柱石之臣 : 나라에 없어서는 안 될 가장 중요한 신하.
- 住宅團地 : 주택이 집단을 이루어 계획·건설된 지구.
- 準備完了 : 앞으로 있을 일에 대해 미리 갖추는 것을 완전히 끝냄.
- 中央政府 : 지방자치제의 행정 제도에서 전국을 통할하는 최고 기관.
- 中庸之道 : 어느 쪽으로든지 치우침이 없는 중정(中正)의 도리.

準備完了 中央政府

準	備	完	了	中	央	政	府
법도 준	갖출 비	완전할 완	마칠 료	가운데 중	가운데 앙	정사 정	관청 부
水－10획	人－10획	宀－4획	亅－1획	丨－3획	大－2획	攵－5획	广－5획

中庸之道 滄海桑田

中	庸	之	道	滄	海	桑	田
가운데 중	쓸 용	어조사 지	길 도	푸를 창	바다 해	뽕나무 상	밭 전
丨－3획	广－8획	丿－3획	辶－9획	水－10획	水－7획	木－6획	田－0획

고사 유래

滄海桑田 : 푸른 바다가 변하여 뽕나무밭이 된다는 뜻으로, 변화가 매우 크다는 말이다. 특히 세상 돌아가는 일의 변화가 격심하다는 비유로 쓰인다. 당나라 초기의 시인 유정지의 '대비백두옹(백두가 된 노인의 슬픔에 대신하여)'이라는 시에서 나온 것이다.

　이미 보았노라
　송백나무가 잘리어
　땔감이 되는 것을,
　다시 들었노라
　상전이 변하여
　창해가 되는 것을,
　연년세세
　꽃은 해마다 같은 꽃이려니와,
　세세연년
　사람은 해마다 같은 사람이 아니로다.

이 시는 늙어가는 슬픔과 인생의 무상함을 한탄한 시로 지금도 많은 사람들의 입에 오르내리고 있다.

▷ 모양이 비슷한 한자

- 穫(벨 확) 收穫(수확) / 獲(얻을 획) 捕獲(포획)
- 候(철 후) 氣候(기후) / 侯(제후 후) 君侯(군후)
- 徽(아름다울 휘) 徽章(휘장) / 徵(부를 징) 徵兵(징병)

漢字	訓音	部首畫數	筆順
中	가운데중	｜―3획	ㅣㅁㅁ中
原	들 원	厂―8획	厂厂厂厅原原原
逐	쫓을 축	辶―7획	一丁丁豕豕豕逐
鹿	사슴 록	鹿―0획	亠广庐庐鹿鹿鹿
證	증거 증	言―12획	言訁訨訮證證證
券	문서 권	刀―6획	丷业芈关券券
公	공 공	八―2획	八公公
債	빚 채	人―11획	亻仁仹债债债債
蒸	찔 증	艸―10획	艹芏茫茐蒸蒸蒸
氣	기운 기	气―6획	𠂉气气氧氧氣氣
消	끌 소	水―7획	氵氵氵氵消消消
毒	해칠 독	母―4획	一亠主圭毒毒毒

漢字	訓音	部首畫數	筆順
曾	거듭 증	曰―8획	八八份伶伶伶曾
所	바 소	戶―4획	一厂厅所所所
不	아니 불	一―3획	一丆不不
已	뿐 이	己―0획	一㇇已
地	땅 지	土―3획	一十土圹圴地
球	둥근물체 구	王―7획	二丆王玗玗球球
旋	돌릴 선	方―7획	一方方旂旂旋旋
回	돌아볼 회	口―3획	｜冂冂回回回
支	갈릴 지	支―0획	一十步支
離	떨어질 리	隹―11획	一古离离离離離
滅	멸망할 멸	水―10획	氵氵氵氵滅滅滅
裂	흩어질 렬	衣―6획	一歹列列裂裂裂

▶ 天之生物이 必因其材而篤焉하나니 故로 栽者를 培之하고 傾者를 覆之니라.
하늘이 만물을 나게 함은 반드시 그 바탕을 따라서 두터이 함이니, 그러므로 심어진 것은 북돋아 주고, 기울어진 것은 엎어뜨리느니라. 『中庸』

紙	墨	硯	滴	至	誠	感	天
종이 지	먹 묵	벼루 연	물방울적	지극할지	정성 성	감동할감	하늘 천
糸—4획	土—12획	石—7획	水—11획	至—0획	言—7획	心—9획	大—1획
幺幺糸糸紙紙紙	口口里里黑墨墨	厂石矶矶矶硯硯	氵氵泸滴滴滴	一エ云至至	言訁訒訒誠誠誠	厂厄咸咸咸感感	一二千天
紙	墨	硯	滴	至	誠	感	天

해 석

中原逐鹿 : 서로 경쟁하여 어떤 지위를 얻으려고 하는 일.
證券公債 : 채권액을 표시한 증권을 발행했을 때의 공채.
蒸氣消毒 : 증기를 써서 균을 죽임.
會所不已 : 뜻밖에 됨. 또는 뜻밖에 된 것.
地球旋回 : 지구가 궤도를 빙빙 돎.
支離滅裂 : 갈가리 흩어지고 찢기어 갈피를 잡을 수 없이 됨.
紙墨硯滴 : 종이와 먹과 연적.
至誠感天 : 지극한 정성에 하늘이 감동함.
遲延作戰 : 일을 지연시켜 자기에게 이롭게 하려는 작전.

遲	延	作	戰	天	高	馬	肥
더딜 지	이을 연	지을 작	싸움 전	하늘 천	높을 고	말 마	살찔 비
辶—12획	廴—4획	人—5획	戈—12획	大—1획	高—0획	馬—0획	肉—4획
尸尸犀犀犀遲	丿丨正延延	丿亻仁仵作作	沪單單戰戰戰	一二千天	一二亠亠高高高	丨丨厂F馬馬馬	丨月月'肥肥肥
遲	延	作	戰	天	高	馬	肥

고사유래 天高馬肥 : 가을 하늘은 높고 말은 살찐다는 뜻으로, 원래는 북방의 흉노가 중국 본토로 쳐들어와 전쟁을 벌일 때가 됐으니 경계해야 한다는 의미이다. 그러나 오늘날에는 가을철의 좋은 날씨를 말하거나 특히 왕성한 식욕의 계절로서 사람도 살찐다는 뜻으로 사용된다. 중국의 북방에는 중국 사람들이 흔히 말하는 흉노족이 살고 있다. 그들은 말을 잘 타고 또 전쟁에 용맹하여 잘 싸운다. 그래서 무적을 자랑하고 불세출의 전쟁 영웅인 진나라 시황제도 흉노의 침입을 막기 위해 만리장성을 쌓을 정도였다. 그들은 기마 민족인 만큼 말을 많이 키우는데 말들은 북쪽의 대평원과 산악지대에서 봄과 여름에 배불리 풀을 뜯어먹어서 가을에는 피둥피둥 살이 찐다. 이런 좋은 말들을 뽑아 번번이 중국 본토로 침입하여 농경민족인 한족을 괴롭히면서 약탈하거나 심지어 나라까지 세웠다. 그래서 가을철만 다가오면 본토에서는 흉노의 침입에 경계를 게을리하지 않았다.

▷ 잘못 읽기 쉬운 한자   *( ) 안은 틀린 음

可憐 가련(가린)   恪別 각별(격별)   看做 간주(간고)   奸慝 간특(간약)   間歇 간헐(간홀)   減殺 감쇄(감살)
甘蔗 감자(감시)   概括 개괄(개활)   改悛 개전(개준)   坑道 갱도(항도)   醵出 갹출(거출)   揭示 게시(계시)

至	于	今	日	只	此	不	宣	知	彼	知	己
이를 지	어조사 우	이제 금	날 일	다만 지	이 차	아니 불	펼 선	알 지	그 피	알 지	몸 기
至-0획	二-1획	人-2획	日-0획	口-2획	止-2획	一-3획	宀-6획	矢-3획	彳-5획	矢-3획	己-0획

智	慧	超	逸	織	物	工	業	珍	禽	奇	獸
슬기 지	지혜 혜	뛰어넘을 초	뛰어날 일	짤 직	물건 물	장인 공	업 업	보배 진	날짐승 금	기이할 기	길짐승 수
日-8획	心-11획	走-5획	辵-8획	糸-12획	牛-4획	工-0획	木-9획	王-5획	内-8획	大-5획	犬-15획

▶ 馬援曰 「聞人之過先이어든 如聞父母之名하여 耳可得聞이언정 口不可言也니라」
마원이 말하기를 「남의 허물을 듣거든 부모의 이름을 들은 것과 같이 하여 귀로 가히 들을지언정 입으로 말하지 말지니라」 『明心寶鑑』

해 석

至于今日 : 예로부터 지금에 이르기까지.
只此不宣 : 나머지가 없음.
知彼知己 : 적의 내정과 나의 내정을 잘 앎.
智慧超逸 : 사리를 빨리 깨닫고, 사물 처리의 정확한 방도를 생각해 내는 슬기가 매우 뛰어남.
織物工業 : 방적·제사(製絲) 기업에서 생산하는 원사(原絲)로 피륙을 짜는 공업.
珍禽奇獸 : 진귀한 새와 기이한 짐승.
陳善閉邪 : 착한 것을 알리고 나쁜 것을 없앰.
鎭火作業 : 화재를 끄는 일을 함.
秩序維持 : 사물의 순서를 잘 지니어 감.

고사유래

天衣無縫 : 천녀가 입는 옷은 자연 제작이기에 솔기가 없다는 뜻인데 오늘날에는 시문의 글귀가 자연스럽고 재치있게 잘된 것, 또는 성품이 부드럽고 아름다우며 또 자연스러워서 조금도 비뚤어진 데가 없는 사람을 이르는 말이다. 곽한이라는 사람이 어느 무더운 여름날, 마당가에 앉아 더위에 휩싸여 잠을 제대로 못 이루고 뒤척거리다 깜빡 잠이 들었다. 꿈에 하늘에서 눈이 부실 정도의 아름다운 여인이 내려왔다. 곽한이 누구냐고 묻자 여인은 「저는 천상에 있는 직녀이옵니다.」고 대답하는 것이었다. 선녀에게 다가가서 보니 그녀가 입은 아름다운 옷에는 바느질을 한 자국이 전혀 보이지 않았다. 곽한이 이상하다고 생각하여 그 이유를 물으니 선녀는 「천의란 바늘과 실은 전혀 쓰지 않고 꿰맨답니다.」고 대답하였다.

陳	善	閑	邪	鎭	火	作	業
말할 진	착할 선	가둘 폐	간사할 사	진정할 진	불 화	지을 작	업 업
阜—8획	口—9획	門—3획	邑—4획	金—10획	火—0획	人—5획	木—9획

秩	序	維	持	天	衣	無	縫
차례 질	차례 서	오직 유	버틸 지	하늘 천	옷 의	없을 무	꿰맬 봉
禾—5획	广—4획	糸—8획	手—6획	大—1획	衣—0획	火—8획	糸—11획

▶ 잘못 읽기 쉬운 한자   * ( ) 안은 틀린 음

| 更迭 경질(갱질) | 驚蟄 경칩(경첩) | 膏肓 고황(고맹) | 汨沒 골몰(일몰) | 壞滅 괴멸(회멸) | 刮目 괄목(활목) |
| 攪亂 교란(각란) | 口腔 구강(구공) | 丘陵 구릉(구능) | 拘碍 구애(구득) | 救恤 구휼(구혈) | 詭辯 궤변(위변) |

秩	序	整	然	集	中	豪	雨	且	問	且	答
차례 질	차례 서	가지런할정	그럴 연	모을 집	가운데중	굳셀 호	비 우	또 차	물을 문	또 차	대답할답
禾—5획	广—4획	攵—12획	火—8획	隹—4획	丨—3획	豕—7획	雨—0획	一—4획	口—8획	一—4획	竹—6획

此	將	奈	何	贊	反	投	票	讚	揚	稱	頌
이 차	장차 장	어찌 내	어찌 하	칭찬할찬	반대할반	던질 투	표 표	기릴 찬	올릴 양	칭찬할칭	칭송할송
止—2획	寸—8획	大—5획	人—5획	貝—12획	又—2획	手—4획	示—6획	言—19획	手—9획	禾—9획	頁—4획

▶ 馬援曰「終身行善이라도 善猶不足이요 一日行惡이라도 惡自有餘니라」
마원이 말하기를 「일생을 두고 착한 일을 행하여도 착함은 오히려 부족하고, 하루 악한 일을 행할지라도 악은 스스로 남아 있느니라」 『明心寶鑑』

해 석

秩序整然 : 사물의 조리, 또는 그 순서가 가지런히 잘 되어 있음.

集中豪雨 : 비교적 좁은 지역에, 단시간에 내리는 세찬 비.

且問且答 : 한편 묻고 한편 대답함.

此將奈何 : 어려운 일을 당하여 그 앞 일이 막연할 때에, 「이를 어찌하나」의 뜻으로 쓰는 말.

贊反投票 : 어떤 문제나 의견에 대해 찬반 의사를 나타내는 표를 던짐.

讚揚稱頌 : 칭찬하여 드러내어 찬양함.

刹那主義 : 과거나 미래를 생각하지 않고 다만 현재 순간만의 쾌락을 추구하며 살고자 하는 사고 방식.

慙愧無面 : 부끄러워 낯이 없음. 즉, 너무 부끄러워 얼굴을 대할 수 없음.

暢敍幽情 : 그윽한 뜻을 탁 터놓고 폄.

고사유래

靑出於藍 : 쪽에서 나온 물감이 쪽보다 더 푸르다는 뜻으로, 제자가 스승보다 나음을 일컫는 말이다. 중국의 유학자 순황이 『순자』에서 이렇게 말하고 있다. 「학문이란 그쳐서는 안 된다. 푸른색이 쪽에서 나와 그 근본인 쪽보다 푸르듯, 얼음이 그 근본인 물보다 차듯이 더욱 면학을 계속하면 스승을 능가하는 학문의 깊이를 가진 제자도 나타나는 법이다.」 여기서 제자가 스승보다 뛰어나다는 것을 이 말로 표현하게 되었다.

刹	那	主	義	慙	愧	無	面
기둥 찰	어찌 나	주장 주	뜻 의	부끄러울참	부끄러울괴	없을 무	낯 면
刂—7획	邑—4획	ヽ—4획	羊—7획	心—11획	心—10획	火—8획	面—0획

暢	敍	幽	情	靑	出	於	藍
화창할창	베풀 서	그윽할유	뜻 정	푸를 청	나갈 출	어조사어	쪽 람
日—10획	攵—7획	幺—6획	心—8획	靑—0획	山—3획	方—4획	艸—14획

▷ 잘못 읽기 쉬운 한자 　　　　　　　　　　　　　　　　　　　　　　　　　　　　　　* ( ) 안은 틀린 음

龜鑑 귀감(구감)　　嗜好 기호(노호)　　懦弱 나약(유약)　　內人 나인(내인)　　拿捕 나포(장포)　　烙印 나인(각인)

捺印 날인(나인)　　狼藉 낭자(낭적)　　來往 내왕(내주)　　鹿茸 녹용(녹이)　　賂物 뇌물(각물)　　茶菓 다과(차과)

創	作	批	評	採	鑛	技	術	責	任	完	遂
비롯할창	지을 작	비평할비	평론할평	캘 채	쇳돌 광	재주 기	재주 술	책임 책	맡길 임	완전할완	이룰 수
刀—10획	人—5획	手—4획	言—5획	手—8획	金—15획	手—4획	行—5획	貝—4획	人—4획	宀—4획	辶—9획

妻	妾	敦	睦	千	萬	多	幸	天	命	不	又
아내 처	첩 첩	도타울돈	화목할목	일천 천	일만 만	많을 다	다행 행	하늘 천	분부 명	아니 불	또 우
女—5획	女—5획	攵—8획	目—8획	十—1획	艹—9획	夕—3획	干—5획	大—1획	口—5획	一—3획	又—0획

▶ 太公曰「勤爲無價之寶요 愼是護身之符니라」
태공이 말하기를 「부지런히 일하는 것은 비할 수 없는 귀중한 것이 될 것이요, 정성스럽게 하는 것은 이 몸을 보호하는 부적이니라」 『明心寶鑑』

해석

- **創作批評** : 예술 작품을 독창적으로 만들고, 그것의 옳고 그름을 평가함.
- **採鑛技術** : 광석을 캐는 기술.
- **責任完遂** : 자기가 맡은 임무를 완전히 수행함.
- **妻妾敦睦** : 아내와 첩의 사이가 서로 도탑고 화목함.
- **千萬多幸** : 매우 다행함.
- **天命不又** : 좋은 기회는 여러 번 있는 것이 아니라는 뜻.
- **天災地變** : 천재와 지변. 즉, 자연의 재앙.(홍수·지진 등)
- **天地玄黃** : 천자문의 첫번째 귀절. 하늘의 검은 색과 땅의 누른 색.
- **川澤納汚** : 하천이나 못은 더러운 물을 받아들인다는 말로, 국군(國君) 또는 대인물(大人物)은 남의 과실을 허용하며 또한 치욕도 참음을 이름.

고사유래

漆身呑炭 : 복수를 위해 몸을 괴롭힘을 뜻한다. 춘추시대 말기 진나라 지백의 신하 예양은 지백을 대신하여 원수를 갚으려고 조양자의 목숨을 노리다 잡혔으나 양자는 그를 충신의사라 용서하였다. 그뒤 예양은 복수를 하고자 몸에 옻칠을 하여 문둥병자처럼 하고 숯을 삼켜 벙어리가 되어 거리에서 구걸을 하며 동정을 살피고 있었다. 어느 날 다리 밑에 엎드려 그곳을 지나게 될 양자를 기다리고 있었는데 양자의 말이 그곳에서 걸음을 멈추고 가지 않았다. 수상쩍게 여긴 양자가 주위를 살펴보게 하자 거지꼴을 한 예양이 잡혀왔다. 양자가 부하에게 예양을 죽이라고 명하자 예양은 최후의 소원이라고 하면서 양자에게 그 입고 있던 옷을 빌려 들고 자기 품안에서 비수를 빼 그 옷을 향해 덤벼들기 세 번,「지백님! 이제 복수를 했습니다.」하고 외치더니 비수로 자기 배를 찌르고 엎드려 죽었다.

▶ 잘못 읽기 쉬운 한자 *( ) 안은 틀린 음

| 團欒 단란(단락) | 撞着 당착(동착) | 陶冶 도야(도치) | 瀆職 독직(속직) | 滿腔 만강(만공) | 蔓延 만연(만정) |
| 邁進 매진(만진) | 驀進 맥진(막진) | 萌芽 맹아(명아) | 明澄 명징(명증) | 木瓜 모과(목과) | 木鐸 목탁(목택) |

天災地變				天地玄黃			
하늘 천	재앙 재	땅 지	변할 변	하늘 천	땅 지	검을 현	누를 황
大-3획	火-3획	土-3획	言-16획	大-3획	土-3획	玄-0획	黃-0획

川澤納汚				漆身呑炭			
내 천	못 택	들일 납	더러울 오	옻칠할 칠	몸 신	삼킬 탄	숯 탄
川-0획	水-13획	糸-4획	水-3획	水-11획	身-0획	口-4획	火-5획

千	篇	一	律	天	下	俊	傑	鐵	鋼	産	業
일천 천	펼 편	한 일	정도 률	하늘 천	아래 하	뛰어날 준	뛰어날 걸	쇠 철	강철 강	생산할 산	업 업
十-1획	竹-9획	一-0획	彳-6획	大-1획	一-2획	人-7획	人-10획	金-13획	金-8획	生-6획	木-9획

尖端科學 招聘 教授 初志貫徹

尖	端	科	學	招	聘	敎	授	初	志	貫	徹
뾰족할 첨	첫 단	과목 과	학문 학	부를 초	부를 빙	가르칠 교	줄 수	처음 초	뜻 지	꿰뚫을 관	뚫을 철
小-3획	立-9획	禾-4획	子-13획	手-5획	耳-7획	攵-7획	手-8획	刀-5획	心-3획	貝-4획	彳-12획

▶ 莊子曰「事雖小나 不作이면 不成이오 子雖賢이나 不敎면 不明이니라」
  장자께서 말씀하시기를 「일은 비록 작더라도 하지 아니하면 이루지 못할 것이요, 자식은 비록 어질지라도 가르치지 아니하면 현명하지 못하느니라」『明心寶鑑』

해 석

千篇一律 : 사물이 비슷해 변화가 없음.
天下俊傑 : 천하에 비견할 사람이 없을 만큼 재주와 슬기가 뛰어난 사람.
鐵鋼産業 : 철강석에서 선철 및 강철을 생산하고, 또는 이것을 가공하여 제품을 만드는 금속 공업.
尖端科學 : 광전자·신소재·원자력·컴퓨터·정보 통신 등의 최신 과학.
招聘敎授 : 정원 외로서 초빙된 교수.
初志貫徹 : 처음에 먹은 마음을 끝까지 관철함.
最後發惡 : 마지막으로 있는 힘을 다 내어 하는 발악.
秋穀收買 : 가을에 거둔 곡식을 사들임.
醜聞頗多 : 아름답지 못한 소문이 널리 퍼짐.

고사유래

他人鼾睡 : 자기가 편히 자려면 옆에서 코고는 사람을 내쫓아야 한다는 뜻이다. 송나라의 태조 주원장은 가난한 농민의 아들이었지만 일개 졸병에서 몸을 일으켜 천하를 평정하고 황제가 된 인물이다. 그가 양자강 이북 지역을 거의 통일하고 황제가 되었을 때의 일이다. 당시까지 양자강 남쪽에는 아직 이욱이라는 사람이 금릉을 도읍으로 독립왕국을 이루고 있었다. 송태조 주원장의 침략 위협을 느낀 이욱은 서현이라는 사신을 보내 송나라의 속국으로서 신종할 것을 조건으로 토벌군을 보내지 말 것을 간청했다. 송태조의 명확한 언질을 받지 못한 서현은 어전에서 자꾸 떠들어댔다. 화가 난 태조가 말했다. 「다만 천하는 한집안이어야 한다. 그리고 같은 침상에 누운 몇 사람의 코고는 소리는 참을 수 없는 일이니라.」 금릉은 얼마 안되어 송의 대군에 짓밟혀 이욱의 왕조도 멸망하고 말았다.

最	後	發	惡	秋	穀	收	買
가장 최	뒤 후	필 발	악할 악	가을 추	곡식 곡	거둘 수	살 매
日―8획	彳―6획	癶―7획	心―8획	禾―4획	禾―10획	攴―2획	貝―5획

醜	聞	頗	多	他	人	鼾	睡
추할 추	들을 문	자못 파	많을 다	남 타	사람 인	코고는소리한	잠잘 수
酉―10획	耳―8획	頁―5획	夕―3획	人―3획	人―0획	鼻―3획	目―8획

▷ 잘못 읽기 쉬운 한자

* ( ) 안은 틀린 음

蒙昧 몽매(몽미)　杳然 묘연(향연)　拇印 무인(모인)　未洽 미흡(미합)　撲滅 박멸(업멸)　剝奪 박탈(녹탈)
反駁 반박(반효)　頒布 반포(분포)　潑剌 발랄(발자)　跋涉 발섭(발보)　拔萃 발췌(발졸)　拔擢 발탁(발요)

抽	象	概	念	追	跡	調	査	推	燥	居	濕
뺄 추	형상 상	대개 개	생각 념	쫓을 추	발자취 적	고를 조	조사할 사	밀 추	마를 조	살 거	젖을 습
手—5획	豕—5획	木—11획	心—4획	辵—6획	足—6획	言—8획	木—5획	手—8획	火—13획	尸—5획	水—14획

畜	産	組	合	祝	賀	人	波	趣	味	生	活
가축 축	생산할 산	짤 조	합할 합	빌 축	하례할 하	사람 인	물결 파	뜻 취	맛 미	살 생	살 활
田—5획	生—6획	糸—5획	口—3획	示—5획	貝—5획	人—0획	水—5획	走—8획	口—5획	生—0획	水—6획

▶ 家語云「水至淸則無魚하고 人至察則無徒니라」
가어에 이르기를「물이 지극히 맑으면 고기가 없고, 사람이 너무나 살필 것 같으면 친구가 없느니라」
『明心寶鑑』

해 석

- 抽象槪念 : 구체적인 경험 내용으로부터 얻는 성질·관계·상태.
- 追跡調査 : 인물이나 사상(事象)의 경과한 자취를 조사·연구하는 일.
- 推燥居濕 : 자식은 마른 데에 옮기고 부모는 젖은 데에 있음. 즉, 부모의 자식을 기르는 노고나 정성.
- 畜産組合 : 축산업자들이 축산업 발달을 위해 조직한 협동 조합.
- 祝賀人波 : 축하를 하기 위하여 모여든 사람의 물결.
- 趣味生活 : 전문으로서가 아니라 좋아서 하고 있는 활동.
- 取捨選擇 : 가질 것은 갖고, 버릴 것은 버려서 골라잡음.
- 層層侍下 : 부모·조부모가 다 살아 있는 시하(侍下).
- 治國安民 : 나라를 다스리고 온 세상을 편안하게 함.

고사유래

打草驚蛇 : 일을 함에 치밀하지 못하며 상대방에게 미리 방비할 기회를 준다는 말이다. 당나라 때 왕조라는 사람이 당도현 현령으로 있었을 때 수단 방법을 가리지 않고 부정축재를 일삼았다. 어느 날 그곳 백성들이 어떤 관리가 재물을 탐내 독직했다는 것을 고소장에 서명날인을 하여 관청에 제출했다. 왕조가 읽어 보니 소장에 열거한 죄상이 자기가 저지른 내용과 어쩌면 그리도 같은지 두 손과 몸이 부들부들 떨려 의자에 힘없이 주저앉았다. 어떻게 해야 일을 잘 처리해야 할지 방도가 떠오르지 않아 그는 자신도 모르게 놀란 심정 그대로 소장에다 여덟 글자를 써서 사건의 판결을 내렸다. 그 뜻은 다음과 같다. 「내가 이렇게 하는 목적은 비록 땅에 자라난 풀을 치려고 하는 것이지만 나는 마치 풀 속에 숨었던 뱀같이 가슴이 서늘하도록 놀랐도다.」

取	捨	選	擇	層	層	侍	下
취할 취	버릴 사	뽑을 선	가릴 택	층 층	층 층	모실 시	아래 하
又—6획	手—8획	辶—12획	手—13획	尸—12획	尸—12획	人—6획	一—2획

治	國	安	民	打	草	驚	蛇
다스릴 치	나라 국	평안할 안	백성 민	칠 타	풀 초	놀랄 경	뱀 사
水—5획	囗—8획	宀—3획	氏—1획	手—2획	艸—6획	馬—13획	虫—5획

▶ 잘못 읽기 쉬운 한자　　　　　　　　　　　　　　　　　　　＊( ) 안은 틀린 음

拜謁 배알(배갈)　兵站 병참(병첨)　報酬 보수(보주)　布施 보시(포시)　補塡 보전(포진)　敷衍 부연(부행)
分泌 분비(분필)　不朽 불후(불구)　沸騰 비등(불등)　譬喩 비유(벽유)　憑藉 빙자(빙적)　使嗾 사주(사족)

부수로 배워보는 한자 9

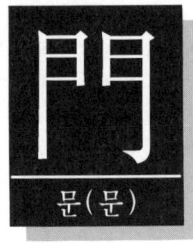
문(문)

갑골문 門　전문 門

풀이 두 개의 문짝을 닫아놓은 모양을 본뜬 것이다. 문의 한 짝을 떼어내면 戶(집 호)가 된다. 門이 부수가 되어 문의 여러 종류나 상태에 관한 글자를 만든다.

[閉] 門+才
닫을(폐)
문에 빗장이 질러져 있는 모양을 가리켜 문이 닫힌 상태를 이른다. *폐쇄(閉鎖).
才(재)는 材(재)와 통하여 나무로 만든 목재를 가리키기도 한다.

[間] 門+日
사이(간)
옛 글자는 閒(한). 달(月)빛이 문틈으로 새어들어온다는 데서 '사이, 틈'의 뜻이 되었다. *시간(時間).

[閑] 門+木
한가할(한)
문에 나무를 질러 출입을 못하게 하니 '한가하다'는 뜻이다. *한가(閑暇).

터럭(삼)

전문

풀이 길게 잘 자란 머릿결을 본뜬 것이다. 부수로 쓰여 '무늬, 빛깔, 꾸미다'란 뜻을 가진다.

[形] 开+彡
형상(형)
开(형)은 일정한 형태의 틀을 나타내며, 彡은 무늬나 채색의 뜻을 나타낸다. 둘이 합쳐져 형상이나 모양의 뜻이 되었다. *형상(形象).

[彩] 采+彡
채색(채)
털 붓으로 여러 가지 빛깔을 아름답게 채색한 무늬를 뜻한다. *彩色(채색).

[彫] 周+彡
새길(조)
周(주)는 '두루, 널리'의 뜻인데 장식으로 새긴 것이 두루 잘 베풀어졌다는 뜻이다. *조각(彫刻).

부수로 배워보는 한자 10

말(마)

갑골문 / 전문

풀이 말의 모습을 본뜬 글자이다. 부수로 쓰여 말과 관계된 여러 가지 뜻을 나타낸다.

[駐] 馬+主
머무를(주)

主(주)는 접시 위에 불꽃이 타오르고 있는 모양이다. 여기에서 일정 기간 머무르다, 혹은 일정 기간 동안 머무르면서 책임을 지는 사람, '주인'의 뜻이 되었다. 馬와 만나서 수레가 멈추어 '기다리다, 일정 기간 체재한다'는 뜻이 되었다. *주차(駐車).

[驛] 馬+睪
정거장(역)

옛날에 먼곳으로 연락을 취할 때 말을 갈아탈 수 있도록 한 역참이란 뜻이었다. 오늘날에는 정거장의 뜻으로 쓰인다. *역참(驛站).

[驅] 馬+區
달릴(구)

말을 일정한 구역으로 몰아 달리게 한다는 데서 '몰다, 달리다'란 뜻이다. *구보(驅步).

불(화)

갑골문 / 전문

풀이 타오르는 불길을 본뜬 것이다. 글자의 아랫부분에 쓰일 때에는 그 형태가 灬로 변하게 된다.

[炎] 火+火
불꽃(염)

불이 활활 타오르는 모양을 나타내어 '불꽃, 덥다'란 뜻으로 쓰인다. *염천(炎天).

[然] 肉(夕)+犬+火(灬)
그럴, 불탈(연)

개고기를 먹기 위해 불에 태우는 모습이다. 일반적으로 개고기를 먹는 나라는 우리나라뿐이며, 더구나 불에 그을려 먹는 것은 우리나라 특유의 조리법으로 알려져 왔는데 고대 중국에서도 사실은 개고기를 불에 태워 먹었던 모양이다. 원래는 불태우다란 뜻이었는데 어조사로 많이 쓰이면서 '불탈 연'은 따로 글자를 만들었다(燃). 20여 년 전 서울 시내의 큰 호텔에서 화재가 있었는데, 그 호텔 이름이 '대연각(大然閣)!' 크게 불타는 집이란 뜻이니, 어찌 화재가 없을 수 있었으랴. 모름지기 한자의 뜻은 정확히 알고 쓸 일이다.

稚	魚	濫	獲	七	寶	丹	粧	七	顚	八	起
어릴 치	물고기어	함부로람	얻을 획	일곱 칠	보배 보	붉을 단	단장할장	일곱 칠	넘어질전	여덟 팔	일어날기
禾—8획	魚—0획	水—14획	犬—14획	一—1획	宀—17획	丶—3획	米—6획	一—1획	頁—10획	八—0획	走—3획

枕	厥	種	子	侵	略	政	策	沈	默	靜	寂
베개 침	그 궐	씨 종	씨 자	침노할침	꾀 략	정사 정	꾀 책	가라앉을침	말없을묵	고요할정	고요할적
木—4획	厂—10획	禾—9획	子—0획	人—7획	田—6획	攵—5획	竹—6획	水—4획	黑—4획	靑—8획	宀—8획

▶ 道吾善者는 是吾賊이요 道吾惡者는 是吾師니라.
　나를 좋다고 말하여 주는 사람은 곧 내게 해로운 사람이고, 나를 싫다고 말하여 주는 사람은 곧 나의 스승이니라. 『明心寶鑑』

해 석

稚魚濫獲 : 어린 물고기를 마구 잡음.
七寶丹粧 : 여러 가지 패물로 몸을 꾸밈.
七顚八起 : 일곱 번 넘어지고 여덟 번 일어난다는 뜻으로, 여러 번 실패해도 재기하여 분투함.
枕厥種子 : 그 씨앗을 베개함. 즉, 마지막 순간까지도 내일에의 기대나 준비를 잊지 않음.
侵略政策 : 남의 나라를 침노하여 땅을 빼앗는 정책.
沈默靜寂 : 아무 말도 없이 잠잠하며 고요하고 괴괴함.
寢不安席 : 근심 걱정이 많아 편안히 자지 못함.
針小棒大 : 작은 일을 크게 허풍떪.
浸透作用 : 속속들이 스며드는 일.

고사유래

泰山北斗 : 태산은 중국사람이 가장 신성시하는 산이고 북두는 북두성으로서 모든 사람들이 항상 우러러 쳐다보는 별로, 세상에서 가장 존경받는 사람을 가리킬 때 쓰는 말이다. 당나라의 한유는 중국 문학 사상 최대의 문장가로 당송 8대가의 한 사람이다. 한유는 일찍이 부모를 여의어 집안이 몹시 가난하였으나 학문에 힘쓴 결과 급제한 이래 관운을 타고 이부시랑(내무차관)까지 올라갔다. 후에 그는 노자와 불교 사상을 배척하다 헌종의 노여움을 사 조주라는 광동성 미개지로 쫓겨났으나 다음 11대 목종에 의해 다시 중앙으로 올라오게 되었다. 그는 57세에 세상을 떠나기까지 관리로서의 모범된 생애를 보냈을 뿐만 아니라 시인으로서의 찬란한 일생이 후세에 더욱 빛을 남겼다. 『당서』'한유전'에는 「한유가 죽은 뒤 그가 다스리던 현이 크게 번성하여 사람들이 태산북두를 우러러보듯이 그를 존경하였다.」고 쓰어 있다.

▷ 잘못 읽기 쉬운 한자   *( ) 안은 틀린 음
奢侈 사치(사다)   撒布 살포(산포)   逝去 서거(절거)   棲息 서식(처식)   先塋 선영(선형)   閃光 섬광(염광)
星宿 성수(성숙)   洗滌 세척(세조)   遡及 소급(삭급)   甦生 소생(갱생)   騷擾 소요(소우)   贖罪 속죄(독죄)

快	刀	亂	麻	墮	其	術	中	彈	丸	之	地
쾌할 쾌	칼 도	어지러울란	삼 마	떨어질타	그 기	꾀 술	가운데중	탄알 탄	알 환	어조사지	땅 지
心—4획	刀—0획	乙—12획	麻—0획	土—12획	八—6획	行—5획	ㅣ—3획	弓—12획	丶—2획	ノ—3획	土—3획

脫	誤	訂	正	貪	官	汚	吏	探	花	蜂	蝶
벗어날탈	그릇할오	바로잡을정	바를 정	탐낼 탐	벼슬 관	더러울오	아전 리	찾을 탐	꽃 화	벌 봉	나비 접
肉—7획	言—7획	言—2획	止—1획	貝—4획	宀—5획	水—3획	口—3획	手—8획	艸—4획	虫—7획	虫—9획

▶ 耳不聞人之非하고 目不視人之短하고 口不言人之過라야 庶幾君子니라.
귀로 남의 그릇됨을 듣지 말고, 눈으로 남의 모자람을 보지 말고, 입으로 남의 허물을 말하지 말아야 이것이 군자이니라. 『明心寶鑑』

해 석

快刀亂麻 : 잘 드는 칼로 어지럽게 엉킨 삼을 벰. 즉, 사물을 잘 처리함.

墮其術中 : 남의 간악한 술책에 빠짐.

彈丸之地 : 적국에 포위되어 공격의 대상이 되는 아주 좁은 땅.

脫誤訂正 : 빠진 글자와 잘못된 글자를 바로잡음.

貪官汚吏 : 탐욕이 많고 행실이 깨끗하지 못한 관리.

探花蜂蝶 : 꽃을 찾아다니는 벌과 나비. 즉 여색을 탐하는 사람의 비유.

泰嶺雲峯 : 험하고 높은 고개와 구름을 이고 있는 산봉우리.

痛哭再拜 : 큰 소리로 슬피 울고 두 번 절함. 제문(祭文)에서 흔히 쓰임.

統帥權者 : 한 나라의 병력을 지휘 통솔하는 권력자.

고사유래

投筆從戎 : 시대가 필요로 할 때에는 문필을 버리고 군인이 되어 나라를 지킨다는 말이다. 동한 초년 안릉 지방에 한 서생이 있었는데 서역에 큰 공을 세운 반초다. 반초는 『한서』의 지자 반고의 동생으로서 어려서부터 많은 책을 읽어 큰 뜻을 간직하였고, 평소에는 집안일에 부지런히 종사하였다. 한명제 영평 5년에 반고가 낙양으로 벼슬을 떠나자 그도 어머니를 모시고 형을 따라 임지로 내려갔는데 반고가 박봉의 수입이라 반초가 관청에서 글 베껴 쓰는 일을 맡아 고생하며 박봉으로 형을 도와 생계를 유지해 나갔다. 지겹고 견디기 힘든 일이었다. 어느 날 반초는 더 견딜 수가 없어 붓을 던지며 한숨 섞어 말했다. 「대장부가 어찌 오랜 세월을 책상머리에만 앉아 필묵 사이에 묻혀 있어야 하는가?」 이로부터 반초는 문필을 버리고 무예를 익혔고 명제 때 명을 받고 서역으로 출사하여 큰 공을 세웠다.

▷ 잘못 읽기 쉬운 한자

| 殺到 쇄도(살도) | 睡眠 수면(수민) | 水洗 수세(수선) | 收穫 수확(수회) | 猜忌 시기(청기) | 示唆 시사(시준) |
| 諡號 시호(익호) | 辛辣 신랄(신극) | 迅速 신속(빈속) | 齷齪 악착(악족) | 軋轢 알력(알락) | 斡旋 알선(간선) |

投	資	促	進	特	別	配	慮	派	遣	部	隊
던질 투	재물 자	재촉할촉	나아갈진	특별할특	다를 별	나눌 배	생각 려	보낼 파	보낼 견	거느릴부	떼 대
手—4획	貝—6획	人—7획	辵—8획	牛—6획	刀—5획	酉—3획	心—11획	水—6획	辵—10획	邑—8획	阜—9획

播	種	田	畓	販	路	擴	張	板	狀	構	造
씨뿌릴파	씨 종	밭 전	논 답	팔 판	길 로	늘릴확	베풀 장	판목 판	형상 상	얽을 구	지을 조
手—12획	禾—9획	田—0획	田—4획	貝—4획	足—6획	手—15획	弓—8획	木—4획	犬—4획	木—10획	辵—7획

▶ 悶人之凶하고 樂人之善하며 濟人之急하고 救人之危니라.
남의 흉한 것을 민망히 여기고 남의 착한 것을 즐겁게 여기며, 남의 급한 것을 건지고 남의 위험한 것을 구하여야 되느니라. 『明心寶鑑』

貝	塚	遺	蹟	編	隊	飛	行
조개 패	무덤 총	남을 유	자취 적	엮을 편	떼 대	날 비	다닐 행
貝—0획	土—10획	辶—12획	足—11획	糸—9획	阝—9획	飛—0획	行—0획
丨冂冃目貝貝	圹圹圹圹塚塚	뿌뿌胄胄遺遺	趵趵趽蹟蹟蹟	幺糸紅絎絎編	阝阝阝阝隊隊	㇜ㇶ飞飞飛飛	彳彳彳行行

해 석

投資促進: 투자가에게 흥미와 관심을 불러일으킴으로써 투자를 늘림.
特別配慮: 특별히 마음을 씀.
派遣部隊: 경비상 또는 전략상의 요구에 의하여 파견된 부대.
播種田畓: 논밭에 씨를 뿌림.
販路擴張: 상품이 팔려나가는 길이나 방면을 늘려서 넓힘.
板狀構造: 널조각 같은 모양으로 만들어진 것.
貝塚遺蹟: 조개무덤의 남은 흔적.
編隊飛行: 비행기가 대오를 편성하여 비행함.
平沙落雁: 평평한 모래밭에 내려앉는 기러기. 즉, 산세(山勢)·글씨·여인 등의 아름다움의 비유.

平	沙	落	雁	破	竹	之	勢
평평할 평	모래 사	떨어질 락	기러기 안	깨뜨릴 파	대 죽	어조사 지	기세 세
干—2획	水—4획	艹—9획	隹—4획	石—5획	竹—0획	丿—3획	力—11획
一二平平	氵沙沙沙沙沙	艹艹艾落落落	厂厂厂雁雁雁	石矿矿矿破破	ノ ㇒ ⺮ 竹	丶亠之	圥 執 執 勢 勢

고사유래 **破竹之勢**: 칼로 대나무를 쪼개듯이 멈출 줄 모르고 힘차게 나간다는 뜻으로서, 군대의 맹진격을 형용하는 말이다. 위나라를 공략한 진나라는 다시 남쪽에 있는 오나라 군대를 이제 한고비만 넘기면 섬멸할 단계에 이르렀다. 진나라의 총사령관 두예는 여러 장수들을 모아놓고 마지막 작전 회의를 열었다. 이때 여러 부대 장들은 머지않아 양자강의 물이 불어날 것이므로 도하 작전이 불리하니 일단 총공격을 멈추었다가, 내년에 다시 시작하자는 의견을 내놓았다. 이에 대해 두예는 그런 의견을 반대하여 이렇게 말했다. 「지금 우리 군사는 사기가 높고 기세가 당당하오. 마치 대쪽을 쪼개듯이 두 마디, 세 마디만 쪼개면 그 뒤는 별로 힘을 들이지 않고도 단번에 끝까지 쪼갤 수 있는 것과 마찬가지로, 이제 단숨에 추격하면 적을 힘들이지 않고 섬멸할 수 있을 것이오.」

▷ 잘못 읽기 쉬운 한자   * ( ) 안은 틀린 음

謁見 알현(갈견)   隘路 애로(익로)   愛玩 애완(애원)   惹起 야기(약기)   掠奪 약탈(경탈)   濾過 여과(노과)
領袖 영수(영유)   嗚咽 오열(명인)   訛傳 와전(화전)   渦中 와중(과중)   歪曲 왜곡(부곡)   要塞 요새(요색)

肺	結	核	菌	弊	衣	破	冠	胞	子	植	物
허파 폐	엉길 결	씨 핵	곰팡이균	해질 폐	옷 의	깨뜨릴 파	갓 관	세포 포	씨 자	심을 식	물건 물
肉—4획	糸—6획	木—6획	艹—8획	廾—12획	衣—0획	石—5획	冖—7획	肉—5획	子—0획	木—8획	牛—4획

包	藏	禍	心	抱	炭	希	涼	浦	項	製	鐵
쌀 포	감출 장	재앙 화	마음 심	안을 포	숯 탄	바랄 희	서늘할 량	물가 포	클 항	지을 제	쇠 철
勹—3획	艹—14획	示—9획	心—0획	手—5획	火—5획	巾—4획	水—8획	水—7획	頁—3획	衣—8획	金—13획

▶ 知足者는 貧賤亦樂이요 不知足者는 富貴亦憂니라.
만족함을 아는 자는 가난하고 천하여도 역시 즐거울 것이요, 만족함을 알지 못하는 자는 부귀하여도 역시 근심하느니라. 『明心寶鑑』

해 석

肺結核菌 : 폐에 결핵을 일으키는 세균.
弊衣破冠 : 해진 옷과 부서진 갓. 즉, 너절하고 구차한 차림새.
胞子植物 : 포자로 번식하는 식물.
包藏禍心 : 남을 해칠 마음을 품음.
抱炭希涼 : 숯을 안고 서늘하기를 바람. 즉, 행하는 바와 바라는 바가 일치하지 않음의 비유.
浦項製鐵 : 포항에 위치한 우리나라 최대의 철강 회사.
爆發瞬間 : 폭발하는 바로 그때.
表裏不同 : 마음이 음충맞아서 겉과 속이 다름.
豊年飢饉 : 풍년은 들었으나 곡가(穀價)가 너무 싸서 농민에게 타격이 심한 현상.

爆發瞬間 表裏不同

爆	發	瞬	間	表	裏	不	同
폭발할폭	필 발	눈깜짝할순	사이 간	겉옷 표	속 리	아닐 부	한가지동
火—15획	癶—7획	目—12획	門—4획	衣—3획	衣—7획	一—3획	口—3획

豊年飢饉 敗軍之將

豊	年	飢	饉	敗	軍	之	將
풍성할풍	해 년	굶을 기	흉년들근	패할 패	군사 군	어조사지	장수 장
豆—6획	干—3획	食—2획	食—11획	攴—7획	車—2획	丿—3획	寸—8획

고사유래

敗軍之將 : 싸움에 패한 장수. 한번 크게 실수한 사람은 그 일에 대해 이러쿵저러쿵 할 자격이 없다는 말. 명장 한신이 바로 배수의 진을 펴고 조나라의 군사를 크게 격파했을 때의 일이다. 이 전투에서 엄청난 승리를 거둔 한신은 군사전략가 이좌거를 생포하여 극진한 예로 그에게 연나라와 제나라를 토벌할 전략을 가르쳐주도록 요청하였다. 이에 이좌거는 말했다. 「패군의 장군은 용맹을 말할 자격이 없고, 망국의 대부나 정치가는 나라를 보전할 방책을 논할 자격이 없다고 듣고 있소이다. 지금 이 사람은 싸움에 지고 나라를 잃어버린 하나의 보잘것없는 포로로서 어찌 그와 같은 중대사를 논할 자격이 있습니까?」 그러나 한신이 열과 성을 다해 가르침을 청하자 이좌거는 그 열의에 감동하여 드디어 연나라와 제나라를 토벌할 책략을 말했고 한신은 그대로 실천에 옮겨 연나라와 제나라를 차례로 정복하는 데 성공하였다.

▷ 잘못 읽기 쉬운 한자   * ( ) 안은 틀린 음

窯業 요업(질업)   容喙 용훼(용탁)   雲刻 운각(운핵)   遊說 유세(유설)   隱匿 은닉(은익)   吟味 음미(금미)
罹患 이환(나환)   溺死 익사(약사)   湮滅 인멸(연멸)   一括 일괄(일활)   一擲 일척(일정)   剩餘 잉여(승여)

楓	落	吳	江	疲	勞	回	復	皮	膚	炎	症
단풍나무풍	떨어질락	오나라오	강 강	지칠 피	수고로울로	돌아올회	회복할복(부)	가죽 피	살갗 부	염증염	증세 증
木—9획	艸—9획	口—4획	水—3획	疒—5획	力—10획	口—3획	彳—9획	皮—0획	肉—11획	火—4획	疒—5획

被	襲	壞	滅	被	害	悽	慘	畢	竟	成	就
입을 피	엄습할습	무너질괴	멸망할멸	입을 피	해칠 해	슬퍼할처	참혹할참	마칠 필	마침내경	이룰 성	나아갈취
衣—5획	衣—16획	土—16획	水—10획	衣—5획	宀—7획	心—8획	心—11획	田—6획	立—6획	戈—3획	尤—9획

▶ 云坐密室을 如通衢하고 馭寸心을 如六馬하면 可免過니라.
좁은 방에 앉았기를 네거리 길을 다니는 것같이 하고, 작은 마음 누리기를 여섯 필의 말을 부리는 것같이 하면 가히 허물을 면하느니라. 『明心寶鑑』

匹	馬	單	騎	必	須	條	件
홑 필	말 마	홑 단	말탈 기	반드시 필	모름지기 수	조목 조	사건 건
匸―2획	馬―0획	口―9획	馬―8획	心―1획	頁―3획	木―7획	人―4획
一厂兀匹	丨丨丆丆馬馬馬	丨口口門門單單	丨口口馬馬駈騎騎	丶ソ必必必	彡彡彡彡須須須	亻亻仁仁修修修條	丿亻仁仁件件
匹	馬	單	騎	必	須	條	件
匹	馬	單	騎	必	須	條	件

해 석

楓落吳江 : 보는 바가 듣는 바에 미치지 못함을 이름.
疲勞回復 : 피곤하고 지친 것이 다시 본래의 상태로 되돌아옴.
皮膚炎症 : 외부·내부에서 자극에 의해 발생하는 피부의 염증.
被襲壞滅 : 습격을 당해 완전히 파괴되어 멸망함.
被害悽慘 : 피해를 당한 것이 슬프고 참혹함.
畢竟成就 : 결국에는 목적대로 일을 이룸.
匹馬單騎 : 혼자 한 필의 말을 타고 감.
必須條件 : 반드시 필요한 하나하나의 요소.
何以避余 : 어찌 써 나를 피하느냐?

何	以	避	余	風	聲	鶴	唳
어찌 하	써 이	피할 피	나 여	바람 풍	소리 성	두루미 학	울 려
人―5획	人―3획	辵―13획	人―5획	風―0획	耳―11획	鳥―10획	口―8획
丿亻仁亻何何何	丨レ以以	丿尸尸居居避	丿人人合余余余	丿几凡凡風風風	士声殸殸聲聲	宀宿宿宿鶴鶴鶴	口叮叮吁吁唳唳
何	以	避	余	風	聲	鶴	唳
何	以	避	余	風	聲	鶴	唳

고사유래 風聲鶴唳 : 바람소리와 학의 울음소리라는 뜻으로서, 겁을 집어먹은 사람이 무슨 작은 일에도 놀란다는 말이다. 동진 효무제 때 5호 16국의 하나인 전진의 황제 부견은 87만의 대군을 이끌고 비수강가에까지 진격해왔다. 한편 동진의 명재상 사안은 평소 군사 훈련에 주력했으나 워낙 병력이 8만밖에 안되었다. 비수를 사이에 두고 대치한 형세에서 부견군에게 군사를 보내어 강가에서 물러나 동진군이 도하한 후 한판 싸움으로 자웅을 겨루자고 제안하였다. 부견군의 모든 장군은 반대했지만 부견만은 이를 받아들여 후퇴 명령을 내렸다. 그러나 워낙 대부대인지라 큰 혼란이 일어났고 이를 틈타 비수를 도하한 동진군은 전진군을 크게 무찔렀다. 패잔병들은 심지어 바람소리나 학의 울음소리를 듣고도 동진군이 쳐들어오는 줄로만 알고「걸음아 날 살려라!」하고는 도망쳤다.

▷ 잘못 읽기 쉬운 한자　　　　　　　　　　　　　　　　　　　　　　　　　　*( ) 안은 틀린 음

自矜 자긍(자금)　佐飯 자반(좌반)　綽綽 작작(탁탁)　箴言 잠언(함언)　斷定 단정(참정)　將帥 장수(장사)
裝塡 장전(장진)　咀呪 저주(조주)　沮止 저지(조지)　傳播 전파(전번)　截斷 절단(재단)　點睛 점정(점청)

夏	蟲	疑	氷	限	界	狀	況	旱	天	甘	雨
여름 하	벌레 충	의심할 의	얼음 빙	한정할 한	지경 계	형상 상	형편 황	가물 한	하늘 천	달 감	비 우
夂—7획	虫—12획	疋—9획	水—1획	阜—6획	田—4획	犬—4획	水—5획	日—3획	大—1획	甘—0획	雨—0획

漢	韓	辭	典	陷	之	死	地	含	哺	鼓	腹
한나라 한	나라이름 한	말 사	법 전	빠질 함	어조사 지	죽을 사	땅 지	머금을 함	먹을 포	두드릴 고	배 복
水—11획	韋—8획	辛—12획	八—6획	阜—8획	丿—3획	歹—2획	土—3획	口—4획	口—7획	鼓—0획	肉—9획

▶云屈己者는 能處重하고 好勝者는 必遇敵이니라.
　스스로 굽히는 자는 중요한 일을 잘 처리하고, 이기기를 좋아하는 자는 반드시 적을 만나느니라. 『明心寶鑑』

163

咸	興	差	使	抗	拒	叛	逆
다 함	일어날 흥	어긋날 차	사신 사	대항할 항	맞설 거	배반할 반	거스를 역
口—6획	臼—9획	工—7획	人—6획	手—4획	手—5획	又—7획	辶—6획
一厂厂厂厂咸咸咸	丨丨臼臼臼舁舁興興	丷丷羊羊差差差	亻亻亻仁仁伊使使	一十扌扩抗	一十扌扌扩拒拒	丷丷半乒乒叛叛	丷丷屰屰屰逆逆
咸	興	差	使	抗	拒	叛	逆

港	口	都	市	匹	夫	之	勇
항구 항	어귀 구	도읍 도	도시 시	짝 필	사내 부	어조사 지	날랠 용
水—9획	口—0획	邑—9획	巾—2획	匚—2획	大—1획	丿—3획	力—7획
氵氵汁汁洪洪港港 丨口口	一十耂者者者都都 丶宀亠市市	一厂兀匹 一二夫夫	丶之 丷丷产甬甬勇勇
港	口	都	市	匹	夫	之	勇

해 석

夏蟲疑氷: 여름 벌레가 얼음을 의심함. 즉, 견해가 좁은 사람이 쓸데없는 의심을 품음의 비유.

限界狀況: 더 이상 어쩔 수 없도록 극도에 도달한 상황.

旱天甘雨: 가무는 날씨에 단비.

漢韓辭典: 한자어를 우리말로 번역하여 풀이한 사전.

陷之死地: 아주 위험한 곳에 빠뜨림.

含哺鼓腹: 잔뜩 먹고 배를 두들기며 즐김.

咸興差使: 심부름 가서 소식이 없거나 회답이 더디 올 때에 쓰는 말.

抗拒叛逆: 대항하고 맞서며 배반하고 거스름. 즉, 현 집권자에 대항하여 정권을 빼앗으려고 함.

港口都市: 항구를 끼고 발달한 도시.

고사유래

匹夫之勇: 깊은 생각 없이 혈기만 믿고 냅다 치는 소인의 용기, 앞뒤 생각없이 무턱대고 날뛰는 무모한 용기를 비웃는 말이다. 양의 혜왕은 전국을 유세하며 돌아다니는 맹자에게 「이웃나라와의 교제 관계는 어떠해야 하는가?」하고 물었다. 이에 맹자는 큰 나라와 작은 나라간의 국교 법칙을 말했는데 그중에서 「대국은 소국에 봉사하는 기분」으로 「소국은 대국을 섬기는 기분」으로 국교를 맺어야 한다는 맹자의 말이 아무래도 혜왕의 뜻에 맞지가 않았다. 그래서 혜왕은 「그렇지만 과인은 용을 좋아하오.」라고 하면서 맹자에게 반대하는 의견을 말했다. 이에 대해 맹자가 말했다. 「검을 쓰다듬고 눈을 부릅뜨면서 '뭐야, 너 따위가 감히 나를 당해낼 것 같으냐?' 하고 덤벼드는 것은 단세포적인 필부의 용기입니다. 그것은 기껏하여 한 인간을 상대하는 정도입니다. 아무쪼록 좀더 웅대하고 원대한 용기를 가져야 합니다.」

▷ 잘못 읽기 쉬운 한자   * ( ) 안은 틀린 음

| 接吻 접문(접물) | 正鵠 정곡(정고) | 造詣 조예(조지) | 措置 조치(차치) | 彫琢 조탁(조돈) | 躊躇 주저(수저) |
| 奏請 주청(진정) | 屯困 준곤(둔곤) | 櫛比 즐비(절비) | 叱責 질책(힐책) | 斟酌 짐작(심작) | 執拗 집요(집유) |

恒	茶	飯	事	航	海	日	程	奚	琴	演	奏
항상 항	차 다	밥 반	일 사	건널 항	바다 해	날 일	헤아릴 정	어찌 해	거문고 금	행할 연	곡조 주
心—6획	艸—6획	食—4획	亅—7획	舟—4획	水—7획	日—0획	禾—7획	大—7획	王—8획	水—11획	大—6획

該	當	部	署	鄕	土	藝	術	虛	虛	實	實
넓을 해	일담당할당	나눌 부	관청 서	시골 향	흙 토	재주 예	재주 술	빌 허	빌 허	참 실	참 실
言—6획	田—8획	邑—8획	皿—9획	邑—10획	土—0획	艸—15획	行—5획	虍—6획	虍—6획	宀—11획	宀—11획

▶ 施恩勿求報하고 與人勿追悔하라.
　은혜를 베풀거든 도로 받을 생각을 하지 말고, 남에게 주었거든 후에 후회하지 말지니라.　『明心寶鑑』

軒	軒	丈	夫	懸	河	之	辯
높을 헌	높을 헌	어른 장	사내 부	매달 현	물 하	어조사 지	말잘할 변
車―3획	車―3획	一―2획	大―1획	心―16획	水―5획	丿―3획	辛―14획

해 석

- **恒茶飯事** : 예사로운 일. 일상 있는 일.
- **航海日程** : 항해하는 데 있어 매일 해야 할 일의 순서와 그 정해져 있는 일.
- **奚琴演奏** : 향악기에 속하는 찰현(擦絃)악기의 하나인 해금을 연주함.
- **該當部署** : 그 일을 맡아 보는 기관이나 사무 분담의 자리.
- **鄕土藝術** : 그 지방 특유의 전통적인 예술.
- **虛虛實實** : 꾀나 재주로 적의 실을 피하고 허점을 이용해 싸움.
- **軒軒丈夫** : 외모가 준수하고 풍채와 의기가 당당한 사내.
- **懸河之辯** : 거침없이 잘하는 말.
- **脅迫掠奪** : 으르고 다잡아서 남의 것을 억지로 빼앗음.

脅	迫	掠	奪	邯	鄲	之	夢
으를 협	핍박할 박	노략질할 략	빼앗을 탈	조나라서울 한	조나라서울 단	어조사 지	꿈 몽
肉―6획	辶―5획	手―8획	大―11획	邑―5획	邑―12획	丿―3획	夕―11획

고사유래 **邯鄲之夢** : 인생영화의 덧없고 허무한 것을 가리키는 말이다. 심기제라는 당나라 때의 작가가 쓴 『침중기』라는 소설에 이런 대목이 있다. 노생이라는 한 젊은이가 조나라의 한단에 있는 한 여관에 머물렀는데 마침 거기서 여옹이라는 도사를 만나 자기의 빈곤함을 하소연하자, 여옹이 배낭에서 베개를 한 개 내주면서 이것을 베고 자면 마음대로 영달하리라는 것이었다. 노생이 베개를 베고 잠이 들자 꿈속에서 명문 세도가 최규수를 아내로 맞이하고 진사에 급제하여 출세의 가도를 달려 천자를 보필하는 재상의 지위에까지 올랐다. 일시 실각하기도 하였으나 계속 승진하여 연국공에 봉해졌고 다섯 아들을 얻어 80의 수를 누렸고 부귀영화를 누렸다. 기지개를 켜면서 잠에서 깨어나 보니 몸은 여전히 한단의 여관에 누워 있었고 옆에는 여옹이 그대로 앉아 있었다.

▷ 잘못 읽기 쉬운 한자   * ( ) 안은 틀린 음
斬新 참신(점신) 懺悔 참회(섬회) 暢達 창달(장달) 漲溢 창일(장익) 刺殺 척살(자살) 闡明 천명(선명)
喘息 천식(서식) 尖端 첨단(열단) 諦念 체념(제념) 涕泣 체읍(제읍) 忖度 촌탁(촌도) 寵愛 총애(용애)

刑	事	裁	判	形	影	相	弔	兄	友	弟	恭
형벌 형	일 사	결단할재	판단할판	형상 형	그림자영	서로 상	조상할조	맏 형	벗 우	아우 제	공손할공
刂—4획	亅—7획	衣—6획	刀—5획	彡—4획	彡—12획	目—4획	弓—1획	儿—3획	又—2획	弓—4획	心—6획

兄	弟	姉	妹	螢	窓	雪	案	狐	假	狐	威
맏 형	아우 제	누이 자	아랫누이매	반딧불형	창 창	눈 설	책상 안	여우 호	거짓 가	여우 호	위엄 위
儿—3획	弓—4획	女—5획	女—5획	虫—10획	穴—6획	雨—3획	木—6획	犬—5획	人—9획	犬—5획	女—6획

▶ 玉不琢이면 不成器하고 人不學이면 不知義니라.
옥을 다듬지 아니하면 그릇이 되지 못하고, 사람은 배우지 않으면 義를 알지 못하느니라. 『明心寶鑑』

해 석

刑事裁判 : 형사 사건에 관한 재판.
形影相弔 : 자기의 몸과 그림자가 서로 불쌍히 여긴다는 뜻으로 몹시 외로움을 이름.
兄友弟恭 : 형제간에 서로 우애를 다함.
兄弟姉妹 : 형제와 자매. 즉, 형과 아우와 손윗누이와 손아랫누이.
螢窓雪案 : 공부하는 방의 창과 공부하는 책상. 부지런하고 꾸준하게 학문을 닦은 공.
狐假狐威 : 남의 권세를 빌려 위세를 부림의 비유.
浩茫無涯 : 넓고 아득하여 끝이 없음.
戶籍抄本 : 호적 중 청구자가 지정한 부분만 베낀 증명 문서.
或速或遲 : 혹 빠르기도 하고 혹 늦기도 함.

고사유래

汗牛充棟 : 짐으로 실으면 소가 땀을 흘릴 정도이고, 쌓아올리면 대들보에 닿을 만큼이나 책이 많다는 말이다. 이 말의 원전은 유종원의 『육문통묘표』로서, 고인의 장서가 대단히 많아서 그것을 쌓아올리면 대들보에 닿을 만하고, 밖으로 반출한다면 소나 말이 땀을 흘릴 정도라고 했다. 지금으로 보면 그렇게 많은 양이라고 볼 수 없지만, 당시 인쇄술이 발달하지 못하고 따라서 필사가 위주였던 시대인만큼 이 정도라면 제1급 장서가에 속했을 것이다.

▷ 잘못 읽기 쉬운 한자   *( ) 안은 틀린 음

| 撮影 촬영(최영) | 追悼 추도(추탁) | 秋毫 추호(추모) | 衷心 충심(애심) | 熾熱 치열(직열) | 鍼術 침술(함술) |
| 蟄居 칩거(집거) | 拓本 탁본(척본) | 度支 탁지(도지) | 綻露 탄로(정로) | 彈劾 탄핵(탄해) | 耽溺 탐닉(탐약) |

魂	飛	魄	散	昏	定	晨	省	忽	顯	忽	沒
넋 혼	날 비	넋 백	흩을 산	어두울혼	정할 정	새벽 신	살필 성	문득 홀	나타날현	문득 홀	없을 몰
鬼-4획	飛-0획	鬼-5획	攵-8획	日-4획	宀-5획	日-7획	目-4획	心-4획	頁-14획	心-4획	水-4획

洪	爐	點	雪	鴻	恩	飽	享	弘	益	人	間
넓을 홍	화로 로	점 점	눈 설	큰기러기홍	은혜 은	배부를포	누릴 향	넓을 홍	이익 익	사람 인	사이 간
水-6획	火-16획	黑-5획	雨-3획	鳥-6획	心-6획	食-5획	亠-6획	弓-2획	皿-5획	人-0획	門-4획

▶ 家和貧也好어니와 不義富如何오 但存一子孝면 何用子孫多리오.
집안이 화목하면 가난하여도 좋거니와 서로 의롭지 않으면 부유한들 무엇하리오, 오직 한 자식만 어버이를 섬기면 자손이 많음이 무슨 소용이 있으리오. 『明心寶鑑』

해 석

- **魂飛魄散** : 몹시 놀라 혼백이 흩어짐.
- **昏定晨省** : 아침 저녁으로 부모의 안부를 묻고 지성으로 돌봐드림.
- **忽顯忽沒** : 문득 나타났다 홀연히 없어짐.
- **洪爐點雪** : 단 화로에 눈 한송이. 즉, 크나큰 일에 적은 힘이 아무 보람이 없음을 비유.
- **鴻恩飽享** : 넓고 큰 은덕이나 은혜를 배부르도록 실컷 누림.
- **弘益人間** : 널리 인간 세계를 이롭게 함.
- **花容月態** : 아름다운 여자의 고운 용태(容態)를 이르는 말.
- **禾黍油油** : 벼나 기장이 번드르르하게 잘 자라는 모양.
- **華燭洞房** : 첫날밤에 신랑 신부가 자는 방.

花	容	月	態	禾	黍	油	油
꽃 화	얼굴 용	달 월	태도 태	벼 화	기장 서	기름 유	기름 유
艸—4획	宀—7획	月—0획	心—10획	禾—0획	黍—0획	水—5획	水—5획

華	燭	洞	房	偕	老	同	穴
빛날 화	촛불 촉	연할 동	방 방	함께 해	늙을 로	같이할 동	구멍 혈
艸—8획	火—13획	水—6획	戶—4획	人—9획	老—0획	口—3획	穴—0획

고사유래

偕老同穴 : 살아서 함께 늙고, 죽어서 함께 같은 무덤에 묻힌다는 뜻으로서, 화목하고 순탄하게 일생을 마친 부부를 일컫는 말이다. 우리 속담의 「검은 머리 파뿌리 되도록」이라는 말과 같은 의미이다. 『시경』 '패풍 격고'에 나오는 「당신이 나의 손을 잡고 같이 늙자고 하시던 그 말씀」이란 말과 역시 『시경』의 '왕풍대거'에 나오는 「곡식은 익으면 각각 다른 곡간에 넣어지고, 사람은 죽으면 같은 무덤에 묻힌다.」라는 시구에서 두 용어를 합성한 낱말이다.

▷ 잘못 읽기 쉬운 한자   * ( ) 안은 틀린 음

| 慟哭 통곡(동곡) | 洞察 통찰(동찰) | 推敲 퇴고(추고) | 稗官 패관(비관) | 霸權 패권(파권) | 膨脹 팽창(팽장) |
| 平坦 평탄(평단) | 褒賞 포상(보상) | 捕捉 포착(포촉) | 輻輳 폭주(복주) | 風靡 풍미(풍마) | 跛立 피립(파립) |

環	境	汚	染	歡	天	喜	地	皇	帝	登	極
두를 환	지경 경	더러울 오	물들 염	기뻐할 환	하늘 천	기쁠 희	땅 지	임금 황	임금 제	오를 등	임금자리 극
玉-13획	土-11획	水-3획	木-5획	欠-18획	大-1획	口-9획	土-3획	白-4획	巾-6획	癶-7획	木-9획

會	費	納	付	曉	頭	發	鞨	孝	悌	忠	信
모일 회	쓸 비	들일 납	줄 부	새벽 효	머리 두	떠날 발	가슴걸이 인	효도 효	공경할 제	충성 충	믿을 신
日-9획	貝-5획	糸-4획	人-3획	日-12획	頁-7획	癶-7획	革-4획	子-4획	心-7획	心-4획	人-7획

▶ 天有不測風雨하고 人有朝夕禍福이니라.
  하늘에는 헤아리지 못할 바람과 비가 있고, 사람에게는 아침 저녁으로 禍와 福이 있느니라. 『明心寶鑑』

後	生	可	畏	喉	舌	之	臣
뒤 후	살 생	옳을 가	두려워할외	목구멍후	혀 설	어조사지	신하 신
彳―6획	生―0획	口―2획	田―4획	口―9획	舌―0획	丿―3획	臣―0획

厚	顔	無	恥	畫	龍	點	睛
두터울후	얼굴 안	없을 무	부끄러울치	그림 화	용 룡	점 점	눈알 정
厂―7획	頁―9획	火―8획	心―6획	田―7획	龍―0획	黑―5획	目―8획

해　석

- **環境汚染** : 인간 활동의 결과로서 생기는 생활 환경, 생태계 전체에 걸치는 환경의 악화.
- **歡天喜地** : 대단히 즐기고 기뻐함.
- **皇帝登極** : 황제가 임금의 자리에 오름.
- **會費納付** : 회를 운영해 나가는 데 쓰는 비용을 냄.
- **曉頭發靷** : 새벽에 하는 발인.
- **孝悌忠信** : 효도·우애·충성·신의를 아울러 이르는 말.
- **後生可畏** : 『논어』에 나오는 말로, 후진들이 선배들보다 나아 오히려 두렵게 여겨진다는 뜻.
- **喉舌之臣** : 왕명 출납과 정부의 언론을 맡았던 벼슬아치.
- **厚顔無恥** : 뻔뻔스러워 부끄러워할 줄을 모름.

고사유래

畫龍點睛 : 용을 그릴 때 마지막으로 그 눈동자를 그려 넣어 완성시킨다는 뜻으로, 가장 요긴한 데 손을 대어 작품을 완성시킨다는 말이다. 남북조 시대에 남쪽에 있는 양나라에 장승요라는 유명한 화가가 있었다. 금릉에 있는 안락사라는 절로부터 벽화로 용을 그려달라는 부탁을 받고 막 승천하려는 네 마리의 용을 생동하게 그렸다. 그런데 왠일인지 화가가 용의 눈알을 그려넣지 않았다. 괴이하게 생각한 사람들이 그 이유를 물었다. 그랬더니 「아니외다. 그것은 좀 곤란해요. 만일 그렇게 한다면 용이 하늘로 올라가 버려요.」 하는 것이었다. 그래도 사람들이 화가의 말을 곧이 듣지 않고 자꾸만 눈을 그려넣으라고 졸라댔다. 그래서 마지못해 한 마리의 용에게 눈을 그려넣었다. 그리자마자 천지를 뒤흔드는 뇌성벽력과 함께 그 용이 벽을 파괴하고 하늘로 올라갔다. 다른 용 그림은 무사했다.

▷ 잘못 읽기 쉬운 한자　　　　　　　　　　　　　　　　　　　＊(　) 안은 틀린 음

| 割引 할인(활인) | 陝川 합천(협천) | 肛門 항문(홍문) | 降將 항장(강장) | 偕老 해로(개로) | 楷書 해서(계서) |
| 解弛 해이(해야) | 諧謔 해학(개학) | 享樂 향락(형락) | 絢爛 현란(순란) | 荊棘 형극(형자) | 忽然 홀연(총연) |

後	悔	莫	及	揮	毫	成	字	休	憩	場	所
뒤 후	뉘우칠회	없을 막	미칠 급	휘두를휘	가는털호	이룰 성	글자 자	쉴 휴	쉴게	마당 장	곳 소
彳―6획	心―7획	艸―7획	又―2획	手―9획	毛―7획	戈―3획	子―3획	人―4획	心―12획	土―9획	戶―4획

胸	式	呼	吸	吸	煙	嚴	禁	喜	怒	哀	樂
가슴 흉	법 식	숨내쉴호	빨아들일흡	빨아들일흡	연기 연	엄할 엄	금할 금	기쁠 희	성낼 노	슬플 애	즐거울락
肉―6획	弋―3획	口―5획	口―4획	口―4획	火―9획	口―17획	示―8획	口―9획	心―5획	口―6획	木―11획

▶ 畵虎畵皮難畵骨이요 知人知面不知心이니라.
 범을 그리되 모양은 그릴 수 있으나 뼈는 그리기 어려울 것이요, 사람을 알되 얼굴은 알 수 있으나 그 마음은 알지 못하느니라. 『明心寶鑑』

해석

- 後悔莫及 : 아무리 후회해도 어쩔 수 없음.
- 揮毫成字 : 붓을 휘둘러 글자를 이룸.
- 休憩場所 : 일을 하거나 길을 걷는 도중에 잠깐 쉬는 장소.
- 胸式呼吸 : 늑골의 운동에 의해 행해지는 호흡.
- 吸煙嚴禁 : 담배 피우는 것을 절대 금함.
- 喜怒哀樂 : 기쁨과 노여움과 슬픔과 즐거움.
- 噫兮予運 : 슬프도다, 나의 운수여!
- 熙熙壤壤 : 여러 사람이 여기저기 번화하게 왕래하는 모양.
- 螢雪之功 : 고생을 하면서 공부하여 얻은 보람.

噫	兮	予	運	熙	熙	壤	壤
탄식할희	어조사혜	나 여	운 운	기뻐할희	기뻐할희	땅 양	땅 양
口—13획	八—2획	亅—3획	辶—9획	火—9획	火—9획	土—17획	土—17획

고사유래

華胥之夢 : 낮잠 또는 좋은 꿈을 이르는 말이다. 중국 최초의 전설적 임금인 황제가 천하가 잘 다스려지지 않고 있을 때, 하루는 낮잠을 자다가 꿈을 꾸었다. 꿈에서 황제는 지배자도 없고 모든 것이 자연 그대로인 화서국에 놀러갔다. 화서국 사람들은 신분의 상하 관계도 없거니와 물욕·원한·증오심을 가지지 않았으며, 소유물에 대한 자타의 구별도 없었다. 한마디로 말해서 천국과 같은 곳이었다. 꿈에서 깨어난 황제는 여기서 홀연히 깨달은 바 있어, 이후 90년 동안 선정을 베풀어, 천하가 훌륭하게 다스려져 황제는 화서국 왕처럼 존경받게 되었다. 이 말에서 '화서지국(華胥之國;매우 잘 다스려지고 있는 나라)'이라는 말도 파생하게 되었다.

螢	雪	之	功	華	胥	之	夢
반딧불형	눈 설	어조사지	공 공	좋을 화	서로 서	어조사지	꿈 몽
虫—0획	雨—3획	亅—3획	力—3획	艸—8획	肉—5획	亅—3획	夕—11획

▷ 잘못 읽기 쉬운 한자   *( ) 안은 틀린 음

| 花瓣 화판(화변) | 廓然 확연(곽연) | 恍惚 황홀(광홀) | 賄賂 회뢰(유락) | 割數 회수(화수) | 嚆矢 효시(고시) |
| 嗅覺 후각(취각) | 麾下 휘하(마하) | 恤兵 휼병(혈병) | 欣快 흔쾌(근쾌) | 恰似 흡사(합사) | 詰難 힐난(길난) |

각종 서식

우편엽서

보내는 사람 京畿道 高陽市
城石洞 三次番地
李 眞 愛

411-570

받는 사람 서울 特別市 江東区
明日洞 12의 305 番地
李 恩 庚

134-017

매월 말일은 편지 쓰는 날입니다.

323-800

忠淸南道 扶餘郡 扶餘邑 雙北里 548 番地
柳 禎 恩

100-193

서울 特別市 中区 乙支路 3街 93-3
李 永 浩 貴下

❖ 성명 아래 쓰는 칭호 ❖

貴下	귀하 : 상대방을 높이기 위하여 상대방의 이름 밑에 붙여 쓰는 말.	女史	여사 : 결혼한 여자를 높여 일컫는 말.
貴中	귀중 : 기관이나 단체 이름 밑에 써서 상대편을 높이는 말.	仁兄	인형 : 친구 사이에 서로 상대방을 높여 일컫는 말.
座下	좌하 : 상대방을 높이기 위하여 상대방의 이름 밑에 붙여 쓰는 말.	君, 孃	군[양] : 손아랫사람이나 친한 친구 사이에 쓰는 말.
先生	선생 : 성명이나 직명(職名) 따위의 아래에 쓰여 그를 높이는 말.	卽見	즉견 : 손아랫사람에게 쓰는 말.
		氏	씨 : 남의 이름 아래 쓰여, 존경의 뜻을 나타내는 말.

※ 엷게 처리된 글씨 위에 직접 써봅시다.

❖ 길흉사 및 증품시의 용어 ❖		發展	발전 : 일의 성공을 빌 때 쓰는 말.
壽宴	수연 : 환갑을 축하할 때 쓰는 말.	合格	합격 : 채용이나 자격 시험 등에 급제함을 축하할 때 쓰는 말.
古稀宴	고희연 : 일흔 살인 해의 생일 잔치.	寸志	촌지 : 자기의 선물을 겸손하게 일컫는 말.
榮轉	영전 : 지금까지보다 더 좋은 자리나 지위로 옮길 때 쓰는 말.	粗品	조품 : 남에게 선물 따위를 보낼 때에 쓰는 겸사의 말.
當選	당선 : 선거나 심사에서 뽑힌 것을 축하할 때 쓰는 말.	謹弔	근조 : 남의 죽음에 대하여 애도의 뜻을 표할 때 쓰는 말.

請求書

一金七萬五阡원整
　　　　₩75,000

上記 代金을 商業書藝 책들과
教本 五拾卷 값으로 請求함.

　　　　1999年 1月 20日

서울市 城北區 長位洞 66-6
　　　正進出版社

韓城書籍 貴中

領收證

一金參拾八萬원整
　　　　₩380,000

上記 金額을 模造紙 15 連
代金으로 正히 領收함.

　　　　1999年 2月 10日

서울市 瑞草區 瑞草洞 93-1
　　　太一紙業社

正進出版社 貴中

受領證

品目: 日本語 책들음 參百部
　　上記 書籍을 正히
　　受領함.

　　　　1999年 2月 5日

　　　東邦書林

教育研究社 貴中

借用證

一金貳百萬원整
　　　　₩2,000,000—

上記 金額을 借用 하는바 利息은
月 2부로 하고 反濟期限은 2000
年 2月末 까지로함.

　　　　1999年 1月 5日

서울市 鍾路區 昌信1洞 153
　　　　　朴 榮 辰
金 相 完 貴下

자기소개서

朴 慧 珉

忠淸南道 舒川의 한 작은 農家였던 저의 집은 그리 넉넉한 편은 아니었으나 農村이라면서도 理髮店을 맡으신 부모님의 슬하에서 꾸사와 家庭敎育을 받으며 저희 1男 2女는 걱정없이 成長 하였습니다.

長女인 제가 아버지의 뜨개주를 이어 받았던지 어려서 부터 글짓기와 1등 2등자를 장래 주로 아들들로 부터 칭찬을 자주듣곤 했습니다.

그래서 高,대 부학을 志望 하여도 마음을 접하고 卒業이 끝난후 美術室에 남아 늦게까지 實習에 몰두하기도 하였습니다.

재 姊妹을 꼭 살려보고 싶었서 하는 석학자저 듯한 보람에 우리 兄弟들을 위해 苦勞 하시는 부모님의 걱정을 조금이나마 덜어드리기 위해 學費를 벌어 다닐수 있는 夜間大学에 進学 하기로 決定 하였습니다.

이제 卒業과 함께 学校라는 울타리를 벗어나 社會의 一員으로 출발할 때 입니다.

入社가 許諾 된다면 雇 과 職場人 으로서 <社員이 護員하 社會>으로써 꼭 必要한 사람이 되기 위해 열심히 끊임없이 努力 하겠습니다

▶자기소개서를 요구하는 이유
○ 성장 과정을 알기 위하여
○ 지망 동기를 알기 위하여
○ 장래 희망을 알기 위하여
○ 문장력과 필체를 보기 위하여

▶자기소개서 작성시 주의할 점
○ 면접할 때 다시 질문을 받으므로 과장되거나 거짓된 내용은 피한다.
○ 과다한 수사법이나 너무 추상적인 표현은 피한다.
○ 밝고 긍정적인 인생관으로 자신을 소개한다.

이 력 서

사 진	성 명	趙 鎭 永 ㊞	주민등록번호 810525 - 2457211
	생년월일	서기 1981 년 5 월 25 일생 （만 17 세）	

주 소	서울 特別市 冠岳區 新林10洞 310 番地			
호적관계	호주와의 관계	三女	호주성명	趙 仁 洙

년	월	일	학 력 및 경 력 사 항	발 령 청
1993	3	2	內德 國民學校 卒業	
1996	2	15	明星 女子中學校 卒業	
1996	3	2	淸州 女子 商業高等學校 入學	
1999	2	13	上記校 卒業 豫定	
			特 技 事 項	
1997	9	17	워드프로세서 2 級 合格	商工會議所
1998	4	6	日本語 能力試驗 3 級 合格	國際交流基金
1998	6	8	한글씨 檢定 2 級 合格	大韓글씨檢定 敎育會
			上記와 如히 相違 없음	
			1999 年 2 月 20 日	
			趙 鎭 永	

한자 찾아보기

▶ 여기에 수록된 한자는 모두 1893자입니다. *표시된 한자는 교육용 기초 한자 1800자 이외의 한자입니다. 두 번 이상 나온 한자의 경우에는 가장 먼저 나온 한자의 페이지만 나타냈습니다.

[가]									
	減 6	拒 163	[겸]	鷄 13	空 4	壞 160	[군]	克 22	旗 32
	卄 6	據 134	兼 128		貢 114	怪 28	君 38	劇 98	旣 7
佳 131	監 6	擧 105	謙 10	[고]		愧 68	群 23	極 170	期 57
假 166	鑑 98	距 8		古 14	[과]		軍 159		棄 126
價 4	*邯 165	*苣 54	[경]	告 10	寡 11	[교]	郡 23	[근]	機 32
加 76			京 11	固 14	戈 41	交 17		僅 26	欺 70
可 106	[갑]	[건]	傾 11	姑 118	果 116	巧 37	[굴]	勤 25	氣 11
家 8	甲 6	乾 8	卿 16	孤 14	瓜 15	敎 84	屈 59	斤 25	幾 11
暇 97		件 161	境 32	庫 54	科 92	校 20		根 26	祈 48
架 4	[강]	健 40	庚 12	故 106	誇 16	橋 4	[궁]	謹 16	紀 28
歌 11	剛 106	建 133	徑 57	枯 102	課 110	矯 19	宮 23	近 26	記 14
街 4	康 80		慶 12	稿 110	過 7	較 69	弓 73	*槿 159	豈 29
*柯 34	強 56	[걸]	敬 12	考 92		郊 19	窮 24		起 134
	江 7	傑 102	景 11	苦 6	[곽]			[금]	飢 29
[각]	綱 28		硬 42	顧 68	郭 76	[구]	[권]	今 14	騎 32
刻 4	講 7	[검]	竟 160	高 72		丘 52	勸 138	琴 164	*岐 21
却 6	鋼 146	儉 25	競 38	鼓 13	[관]	久 98	勸 24	禁 20	*杞 23
各 4	降 74	劍 5	經 12		冠 18	九 20	卷 24	禽 140	*其 113
脚 43	*糠 127	檢 67	耕 136	[곡]	官 6	救 20	拳 24	金 26	
覺 40			警 117	哭 155	寬 18	俱 65	權 24	錦 27	[긴]
角 19	[개]	[게]	驚 149	曲 15	慣 22	具 20	*捲 19		緊 32
閣 70	介 46	憩 172	輕 11	穀 54	管 17	區 122		[급]	
	個 8		鏡 43	谷 115	觀 136	口 17	[궐]	及 79	[길]
[간]	慨 6	[격]	頃 49		貫 146	句 55	厥 142	急 78	吉 33
刊 111	改 7	擊 13	*頸 54	[곤]	關 122	懼 16		級 12	
姦 70	概 8	格 9		困 15	拘 20		[귀]	給 81	[나]
干 33	皆 7	激 9	[계]	坤 8	構 20	歸 152		那 143	
幹 5	蓋 58		係 122		館 16	求 5	貴 25	[긍]	
懇 6	開 12	[견]	啓 13	[골]		狗 13	鬼 88	肯 28	[낙]
看 136		堅 10	契 27	骨 4	[괄]	球 138	龜 47		諾 11
簡 38	[객]	犬 10	季 59		*刮 15	究 69		[기]	
肝 5	客 79	絹 9	戒 51	[공]		舊 62	[규]	企 29	[난]
間 86		肩 62	桂 13	供 83	[광]	苟 21	叫 92	己 140	暖 117
*奸 124	[갱]	見 10	械 78	公 16	光 9	驅 86	規 62	其 154	難 4
	更 103	遣 156	溪 57	共 16	廣 18	鷗 58	閨 24	器 33	
[갈]	*坑 63		界 162	功 173	鑛 38	*鴨 83		基 32	[남]
渴 46		[결]	癸 14	孔 16			[균]	奇 28	南 34
	[거]	決 134	系 116	工 4	[괘]	[국]	均 118	寄 128	男 6
[감]	去 8	潔 84	繼 130	恐 16	掛 19	國 11	菌 158	幾 32	
感 6	居 148	結 9	計 81	恭 166		局 22		忌 63	[납]
敢 96	巨 8	缺 10	階 12	攻 101	[괴]	菊 46	[극]	技 28	納 145

[낭]	[단]	[덕]	洞 169	郎 34	烈 84	[류]	[린]	買 46	沐 51
娘 34	丹 124	德 10	童 33	*踉 40	裂 138	淚 100	隣 122	賣 20	牧 50
	但 38		銅 42			漏 68		*邁 108	目 15
[내]	單 161	[도]	*棟 167	[래]	[렴]	屢 38	[림]		睦 144
乃 34	團 18	倒 41		來 19	廉 68	樓 70	林 13	[맥]	
內 20	壇 7	刀 154	[두]			累 103	臨 124	脈 42	[몰]
奈 142	斷 38	到 41	斗 44	[랭]	[령]	*縷 119		麥 47	沒 88
耐 35	旦 132	圖 4	豆 44	冷 35	令 118		[립]		
	檀 38	導 113	頭 43		嶺 155	[류]	立 14	[맹]	[몽]
[녀]	段 46	島 131		[락]	零 102	柳 36		孟 16	夢 34
女 6	短 8	度 4	[둔]	略 130	靈 112	流 114	[마]	猛 48	蒙 13
	端 50	徒 52	鈍 44	掠 165	領 64	留 114	磨 130	盲 47	
[년]	*鄲 165	挑 132	*遁 40			類 118	馬 34	盟 27	[묘]
年 55		桃 47		[량]	[례]		麻 154		卯 122
	[달]	渡 40	[득]	涼 44	例 22	[륙]		[면]	墓 52
[념]	達 25	盜 13	得 40	良 36	禮 102	六 115	[막]	免 48	妙 52
念 8		稻 114		量 6		陸 114	幕 44	勉 25	廟 34
*拈 101	[담]	跳 40	[등]	兩 75	[로]		漠 18	眠 81	苗 52
	擔 135	逃 40	燈 103	梁 83	勞 36	[륜]	莫 172	綿 48	
[녕]	淡 39	途 51	登 110	糧 94	老 29	倫 118		面 67	[무]
寧 82	潭 96	道 4	等 101	諒 95	爐 168	輪 115	[만]		務 26
	談 4	都 76			路 5		慢 26	[멸]	戊 53
[노]	*膽 5	陶 125	[라]	[려]	露 74	[률]	晩 33	滅 35	武 34
努 36		*塗 37	羅 72	旅 56		律 146	滿 44		無 6
奴 36	[답]			勵 128	[록]	栗 115	漫 34	[명]	舞 52
怒 76	畓 156	[독]	[락]	慮 156	祿 44	率 14	萬 18	冥 48	茂 80
	答 108	毒 78	樂 7	麗 108	錄 24		蠻 94	名 48	貿 53
[농]	踏 12	獨 14	絡 99	*唳 161	綠 37	[륭]		命 21	霧 104
濃 38		督 6	落 104	*廬 98	鹿 36	隆 116	[말]	明 41	
農 66	[당]	篤 18	洛 25				末 24	銘 48	[묵]
	唐 39	讀 136		[력]	[론]			鳴 13	墨 26
[뇌]	堂 104	*犢 133	[란]	力 22	論 33	[륵]	[망]		默 152
惱 59	當 29		亂 63	曆 74		*勒 100	亡 21	[모]	
腦 43	糖 39	[돈]	卵 103	歷 98	[롱]		妄 16	募 49	[문]
	黨 110	敦 18	蘭 27		弄 37	[릉]	忘 4	慕 34	問 54
[능]	*撞 50	豚 42	欄 33	[련]		陵 47	忙 45	暮 77	文 7
能 84			爛 33	憐 42	[뢰]		望 72	某 50	聞 17
	[대]	[돌]		戀 34	賴 52	[리]	罔 28	模 50	門 49
[니]	代 38	突 136	[람]	練 81	雷 66	利 85	茫 45	貌 50	*刎 54
泥 110	大 8		濫 123	聯 100		吏 154	*網 107	母 41	
	對 15	[동]	藍 143	蓮 122	[료]	履 94		毛 20	[물]
[닉]	帶 92	冬 117	覽 56	連 99	了 137	梨 104	[매]	矛 50	勿 54
*匿 126	待 77	凍 35		鍊 133	理 29	裏 159	埋 127	謀 24	物 9
	臺 52	動 11	[랑]		料 35	里 68	妹 166	*摸 47	
[다]	貸 16	同 16	廊 34	[렬]	*療 93	離 8	媒 46		[미]
多 144	隊 156	束 39	朗 48	列 97		李 15	梅 46	[목]	味 108
茶 164		桐 103	浪 34	劣 101	[룡]		每 46	木 47	尾 107
					龍 107				

微 101	訪 85	變 11	付 16	卑 112	私 40	裳 42	旋 138	笑 56	數 24
未 25	邦 18	辨 86	副 64	妃 106	絲 9	詳 74	禪 76	素 78	樹 82
眉 78	防 58	辯 165	否 106	婢 36	舍 42	象 20	線 5	蔬 80	殊 82
米 44	*紡 48	邊 18	夫 16	悲 124	蛇 107	賞 88	船 34	蘇 80	水 39
美 10			婦 66	批 144	詐 70	霜 74	選 149	訴 57	獸 15
迷 55	**[배]**	**[별]**	富 66	比 69	詞 64	鮮 76	鮮 76	騷 79	睡 81
	倍 58	別 76	府 137	碑 112	謝 71			*逍 79	秀 47
[민]	培 26		扶 96	祕 69	賜 71	**[쌍]**	**[설]**		誰 36
憫 100	拜 71	**[병]**	浮 66	肥 139	辭 35	雙 123	舌 171	**[속]**	輸 84
敏 88	排 74	內 63	父 65	費 170	邪 70		設 103	俗 56	遂 50
民 22	杯 56	兵 63	符 63	非 71	社 135	**[새]**	說 4	屬 65	隨 66
	背 58	屛 62	簿 127	飛 69		寒 71	雪 76	束 94	雖 83
[밀]	輩 52	病 42	腐 114	鼻 92	**[삭]**			粟 44	需 81
密 69	配 118	並 62	膚 88	*婢 65	削 17	**[색]**	**[섭]**	續 115	須 161
蜜 56			負 134	*沸 20	朔 72	色 11	涉 44	速 107	首 75
	[백]	**[보]**	賦 65		索 4				
[박]	伯 58	保 69	赴 66	**[빈]**		**[생]**	**[성]**	**[손]**	**[숙]**
博 56	柏 80	報 9	部 156	貧 70	**[산]**	生 4	城 76	孫 80	叔 59
拍 56	白 58	寶 152	附 24	賓 35	山 72		姓 77	損 49	孰 56
朴 78	百 52	普 64	*斧 53	頻 67	散 19	**[서]**	性 8		宿 84
泊 84	*魄 168	步 14			産 128	序 62	成 33	**[송]**	淑 24
薄 56		補 63	**[북]**	**[빙]**	算 102	庶 75	星 98	松 77	熟 84
迫 88	**[번]**	譜 77	北 34	氷 112	酸 46	徐 75	盛 80	訟 57	肅 71
	煩 59			聘 146		恕 108	省 168	誦 48	
[반]	番 62	**[복]**	**[분]**		**[살]**	暑 75	聖 93	送 80	**[순]**
半 51	繁 29	伏 48	分 67	**[사]**	殺 19	書 63	聲 41	頌 142	巡 85
反 119	飜 62	卜 54	墳 14	事 4		緖 45	誠 139	*宋 39	循 118
叛 163		復 160	奔 42	仕 125	**[삼]**	署 164	*醒 40		旬 73
班 53	**[벌]**	服 22	奮 82	似 71	三 41	西 42		**[쇄]**	殉 84
盤 57	伐 76	福 48	憤 67	使 36	森 72	*胥 173	**[세]**	刷 42	盾 50
般 133	罰 88	腹 13	粉 66	史 98		*黍 169	世 15	鎖 16	瞬 159
返 57		複 64	紛 67	司 70	**[상]**	鼠 75	勢 32	*碎 66	純 78
飯 164	**[범]**	*焚 63	四 67	上 27	歲 73	洗 78		腎 85
	凡 102		**[본]**	士 53	傷 73	**[석]**	稅 77	**[쇠]**	順 62
[발]	汎 62	本 167	寫 64	像 109	夕 134	細 74	衰 102	
拔 10	犯 70		**[불]**	寺 36	償 6	席 10		**[술]**
發 12	範 22	**[봉]**	不 10	射 24	商 33	惜 76	**[수]**	戌 12
髮 88		奉 38	佛 115	巳 116	喪 18	昔 96	修 81	術 24
	[법]	封 64	弗 68	師 92	嘗 97	析 67	受 82	述 85
[방]	法 62	峯 155	拂 65	思 10	尙 20	石 27	囚 20	
傍 50		蜂 154		捨 149	常 117	釋 82	壽 82	**[숭]**
傍 126	**[벽]**	逢 46	**[붕]**	斜 78	床 124		守 22	崇 86
妨 102	壁 14	鳳 108	崩 72	斯 70	想 16	**[선]**	帥 155	
房 169	碧 74	*棒 153	朋 38	査 12	桑 74	仙 110	愁 82	**[습]**
放 36	*璧 106	*縫 141	*鵬 68	死 32	狀 132	先 73	手 36	濕 75
方 58				沙 70	相 5	善 7	投 82	拾 86
芳 37	**[변]**	**[부]**	**[비]**	祀 38	祥 33	宣 76	收 77	習 100

襲 160	*紳 117	[압]	億 96	[열]	[온]	用 65	偉 112	恩 9	[인]
	*薪 97	壓 131	憶 96	悅 68	溫 106		僞 113	銀 38	人 23
[승]	*訊 113		抑 96	熱 35		[우]	危 103	隱 19	仁 119
乘 86		[앙]			[옹]	于 140	圍 22		刃 119
僧 36	[실]	仰 94	[언]	[염]	翁 71	偶 109	委 89	[을]	印 42
勝 44	失 54	央 137	焉 96	染 170		優 109	威 166	乙 6	因 118
升 44	室 89	殃 79	言 66	炎 160	[와]	又 144	慰 112		姻 122
承 82	實 20			鹽 46	瓦 37	友 166	爲 112	[음]	寅 122
昇 86		[애]			臥 97	右 110	緯 12	吟 79	引 90
	[심]	哀 172	嚴 172	[엽]	*蛙 125	宇 110	胃 116	淫 70	忍 10
[시]	審 89	愛 94		葉 103		尤 109	衛 112	陰 37	認 8
侍 149	尋 36	涯 167	[업]		[완]	愚 108	謂 52	音 116	*靭 170
始 38	心 48		業 29	[영]	完 106	憂 23	違 112	飮 116	
市 26	深 92	[액]		影 166	緩 32	牛 19			[일]
施 103	甚 114	厄 99	[여]	映 80		羽 110	[유]	[읍]	一 8
是 56		額 71	予 173	榮 102	[왈]	遇 47	乳 20	泣 95	壹 123
時 57	[십]		余 161	永 126	曰 106	郵 18	儒 63	邑 116	日 8
矢 86	十 118	[야]	如 129	泳 96		雨 46	唯 114		逸 126
示 93		也 45	汝 98	營 102	[왕]		幼 113	[응]	
視 87	[아]	夜 136	與 98	英 102	往 108	[운]	幽 143	應 78	[임]
試 133	亞 92	耶 87	興 97	詠 79	王 106	云 52	悠 98		任 66
詩 23	兒 40	野 32	餘 97	迎 80		運 49	惟 114	[의]	壬 124
*豕 99	我 92				[왜]	雲 110	愈 114	依 53	賃 29
	牙 10				*倭 124	韻 116	有 29	儀 80	
[씨]	芽 57	[약]	[역]	[예]			柔 106	宜 130	[입]
氏 77	阿 15	弱 96	亦 68	藝 52	[외]	[웅]	油 169	意 101	入 24
	雅 50	約 25	域 122	譽 49	外 19	雄 102	猶 15	疑 162	
[식]	餓 29	若 17	役 63	豫 102	畏 171		由 45	矣 128	[자]
式 172		藥 94	易 53	銳 88		[원]	維 141	義 34	刺 124
息 116	[악]		疫 78		[오]	元 74	裕 66	衣 141	姉 166
植 39	岳 72	[양]	譯 62	[오]	五 103	原 110	誘 113	議 102	姿 108
識 8	惡 24	壞 13	逆 163	五 103	傲 104	員 89	遊 50	醫 92	子 33
食 35		揚 9	驛 98	傲 104	午 53	圓 58	遺 86		字 115
飾 89		楊 95		午 53	吾 104	園 80	酉 88	[이]	恣 40
*蝕 7	[안]	樣 50	[연]	吾 104	嗚 105	怨 83		二 118	慈 124
	安 92	洋 40	宴 76	嗚 105	娛 103	援 14	[육]	以 161	玆 28
[신]	岸 100	羊 21	延 139	娛 103	悟 40	源 47	肉 65	夷 87	紫 72
伸 22	案 166	讓 10	沿 100	悟 40	梧 103	遠 12	育 84	已 45	者 8
信 11	眼 92	陽 25	演 98	梧 103	汚 132	院 65		異 26	自 4
愼 16	雁 157	養 95	然 58	汚 132	烏 93	願 48	[윤]	移 108	資 156
新 75	顔 171		煙 172	烏 93	誤 154		潤 118	而 12	雌 125
晨 168		[어]	燃 99	誤 154	*吳 89	[월]	閏 73	耳 39	*煮 113
申 10	[알]	御 134	燕 100	*吳 89		月 7		貳 124	
神 86	謁 93	於 103	研 69		[옥]	越 89	[융]		[작]
臣 136		漁 39	硯 139	[옥]	屋 68		*戎 155	[익]	作 40
身 66	[암]	語 96	緣 87	屋 68	勇 108	[위]		益 29	昨 126
辛 88	巖 93	魚 79	軟 99	獄 89	容 108	位 112		翼 79	爵 17
	暗 93		鉛 100	玉 95	庸 137				

酌 132	*齋 51	節 25	題 28	坐 136	證 138	執 110	彩 74	淸 9	丑 14
		絶 58	齊 10	左 136	贈 128	集 142	採 144	聽 41	畜 148
[잔]	[쟁]		*悌 170	座 135			菜 80	請 6	祝 35
殘 38	爭 67	[점]			[지]	[징]		靑 143	築 42
		占 131	[조]	[죄]	之 7	懲 24	[체]		縮 8
[잠]	[저]	店 20	兆 96	罪 20	只 140	徵 77	冊 112		蓄 25
暫 126	低 96	漸 131	助 27		地 12		策 19	替 116	逐 138
潛 126	底 58	點 168	弔 166	[주]	志 34	[차]	責 144	體 38	
蠶 126	抵 129		操 69	主 34	持 141	且 142		*遞 84	[춘]
	著 128	[접]	早 134	住 136	指 51	借 28	[처]		春 109
[잡]	貯 25	接 122	朝 129	周 127	支 138	差 26	妻 127	[초]	
雜 11		蝶 154	條 116	宙 110	智 119	次 118	悽 160	初 146	[출]
	[적]		潮 72	州 12	枝 13	此 29	處 130	抄 167	出 52
[장]	寂 152	[정]	照 5	晝 136	止 43	車 76		招 146	
丈 165	摘 51	丁 45	燥 148	朱 26	池 79	*嗟 130	[척]	礎 32	[충]
場 26	敵 130	井 125	祖 38	柱 136	知 9		尺 4	肖 68	充 167
墻 36	滴 139	亭 133	租 134	株 77	紙 25	[착]	戚 122	草 9	忠 170
壯 29	的 62	停 48	組 148	注 36	至 32	捉 32	拓 87	超 140	蟲 162
奬 128	積 129	定 14	調 36	洲 58	誌 111	着 41	斥 74	*楚 67	衝 136
將 142	笛 50	庭 23	造 113	舟 5	遲 139	錯 10			*沖 67
帳 127	籍 167	廷 128	鳥 24	*舐 133			[촉]		
張 22	績 48	征 110	*糟 127	走 42	[직]	[찬]	促 156		[취]
掌 14	賊 52	情 132	*趙 106	酒 56	直 78	讚 142	燭 169		取 149
章 54	赤 26	政 75	*鷗 123	*奏 164	織 140	贊 142	觸 123		吹 50
粧 152	跡 148	整 142			職 64				就 160
腸 21	蹟 157	正 70	[족]	[죽]		[찰]	[촌]		臭 20
臟 5	適 130	淨 132	族 8	竹 46	[진]	察 117	寸 104		趣 148
莊 127		程 68	足 81		振 53	*刹 143	村 66		醉 125
葬 122	[전]	精 86		[준]	珍 140				
藏 126	傳 82	訂 154	[존]	俊 146	盡 107	[참]			[측]
裝 89	全 21	貞 77	存 65	準 137	眞 98	參 82	[총]		側 119
長 86	典 162	靜 152	尊 8	遵 62	秦 80	慘 160	總 22		測 28
障 69	前 49	頂 132			辰 124	慙 143	聰 44		
*牆 98	專 130		[졸]	[중]	進 62		銃 24		[층]
*杖 129	展 130	[제]	卒 105	中 24	鎭 141	[철]			層 149
	戰 40	制 23	拙 37	仲 59	陣 58	哲 13	*塚 157		
[재]	田 15	堤 133		衆 93	陳 141	徹 146			[치]
再 155	轉 75	帝 170	[종]	重 8		鐵 146	[최]		値 4
哉 105	錢 28	弟 68	宗 135		[즉]		催 100		恥 12
在 49	電 100	提 28	從 155	[즉]	卽 73	[첨]	最 147		治 149
才 128	*箭 123	濟 12	種 152			尖 146			稚 152
材 35	*幀 119	祭 18	終 94	[증]		添 27	[추]		置 73
栽 114	*顚 152	第 93	縱 69	增 40		瞻 137	抽 148		致 9
災 145		製 158	鐘 134	憎 94		蒼 96	推 148		齒 85
裁 70	[절]	諸 50		曾 138		*倡 123	秋 122		
財 128	切 130	除 99	[좌]	症 160		[청]	追 148		[칙]
載 41	折 21	際 22	佐 64	蒸 138	[집]	廳 6	醜 147		則 92

[친]	[탑]	[판]	[표]	韓 40	許 48	呼 105	穫 84	[훈]
親 35	塔 112	判 70	標 51	*猂 147		好 54		訓 20
		板 156	漂 43		[헌]	戶 167	[환]	
[칠]	[탕]	版 42	票 142	[할]	憲 22	毫 172	丸 154	[훼]
七 152	湯 108	販 156	表 159	割 64	獻 118	浩 167	患 5	毀 49
漆 145					軒 165	湖 7	換 14	
	[태]	[팔]	[품]	[함]		胡 63	歡 170	[휘]
[침]	太 44	八 39	品 35	含 162	[험]	虎 32	環 170	揮 172
侵 152	怠 26			咸 163	險 87	號 62	還 57	輝 18
寢 153	態 169	[패]	[풍]	陷 162	驗 124	護 22		
枕 152	殆 59	敗 109	楓 160			豪 102		[휴]
沈 152	泰 153	貝 157	豊 159	[합]	[혁]	*狐 166	[활]	休 172
浸 72			風 39	合 64	革 117		活 97	携 28
針 153	[택]	[편]				[혹]		
	宅 136	便 18	[피]	[항]	[현]	惑 86	[황]	[흉]
[칭]	擇 149	片 124	疲 160	巷 4	弦 58	或 167	況 162	凶 54
稱 142	澤 6	篇 38	皮 160	恒 164	懸 17		皇 170	胸 172
		編 157	彼 140	抗 129	玄 145	[혼]	荒 44	
[쾌]	[토]	遍 64	被 100	港 163	現 132	婚 18	黃 145	[흑]
快 154	兎 77		避 63	航 164	絃 18	昏 168		黑 26
	吐 6	[평]		項 95	縣 23	混 95	[회]	
[타]	土 19	平 157	[필]		賢 10	魂 168	回 138	[흡]
他 98	討 67	評 144	匹 161	[해]	顯 168		悔 172	吸 172
墮 154			必 26	亥 89		[홀]	懷 24	
妥 64	[통]	[폐]	畢 160	奚 164	[혈]	忽 168	會 32	[흥]
打 12	痛 105	幣 113	筆 44	害 88	穴 93		灰 116	興 53
	統 130	廢 51		海 72	血 118	[홍]		
[탁]	通 46	弊 158	[하]	解 10		弘 168	[획]	[희]
托 53		肺 158	下 15	該 164	[협]	洪 168	劃 81	喜 170
濁 9	[퇴]	蔽 32	何 142	*偕 169	協 36	紅 38	獲 68	噫 173
濯 78	退 19	閉 16	夏 162		脅 165	鴻 168		希 158
琢 130			河 17	[핵]			[횡]	戱 50
	[투]	[포]	荷 129	核 158	[형]	[화]	橫 135	熙 173
[탄]	投 142	包 158	賀 148		亨 46	化 42		稀 111
彈 154	透 153	布 76		[행]	兄 166	和 22	[효]	
歎 123	鬪 15	抱 158	[학]	幸 144	刑 166	火 21	孝 170	
炭 37		捕 32	學 7	行 56	形 166	畫 14	效 109	
*吞 6	[특]	暴 126	鶴 23		螢 166	禍 53	曉 170	
*嘆 47	特 156	浦 158		[향]		禾 169	*涍 95	
		胞 158	[한]	享 168	[혜]	花 27		
[탈]	[파]	飽 168	寒 85	向 55	兮 173	華 101	[후]	
奪 17	播 156	*哺 162	恨 38	鄕 164	惠 6	話 43	侯 134	
脫 154	波 148	*鮑 17	旱 162	響 116	慧 140	貨 68	候 101	
	派 156		汗 167	香 127			厚 18	
[탐]	破 12	[폭]	漢 162		[호]	[확]	喉 171	
探 154	罷 64	幅 32	閑 45	[허]	乎 68	擴 156	後 44	
貪 154	頗 147	爆 159	限 22	虛 164	互 74	確 28		